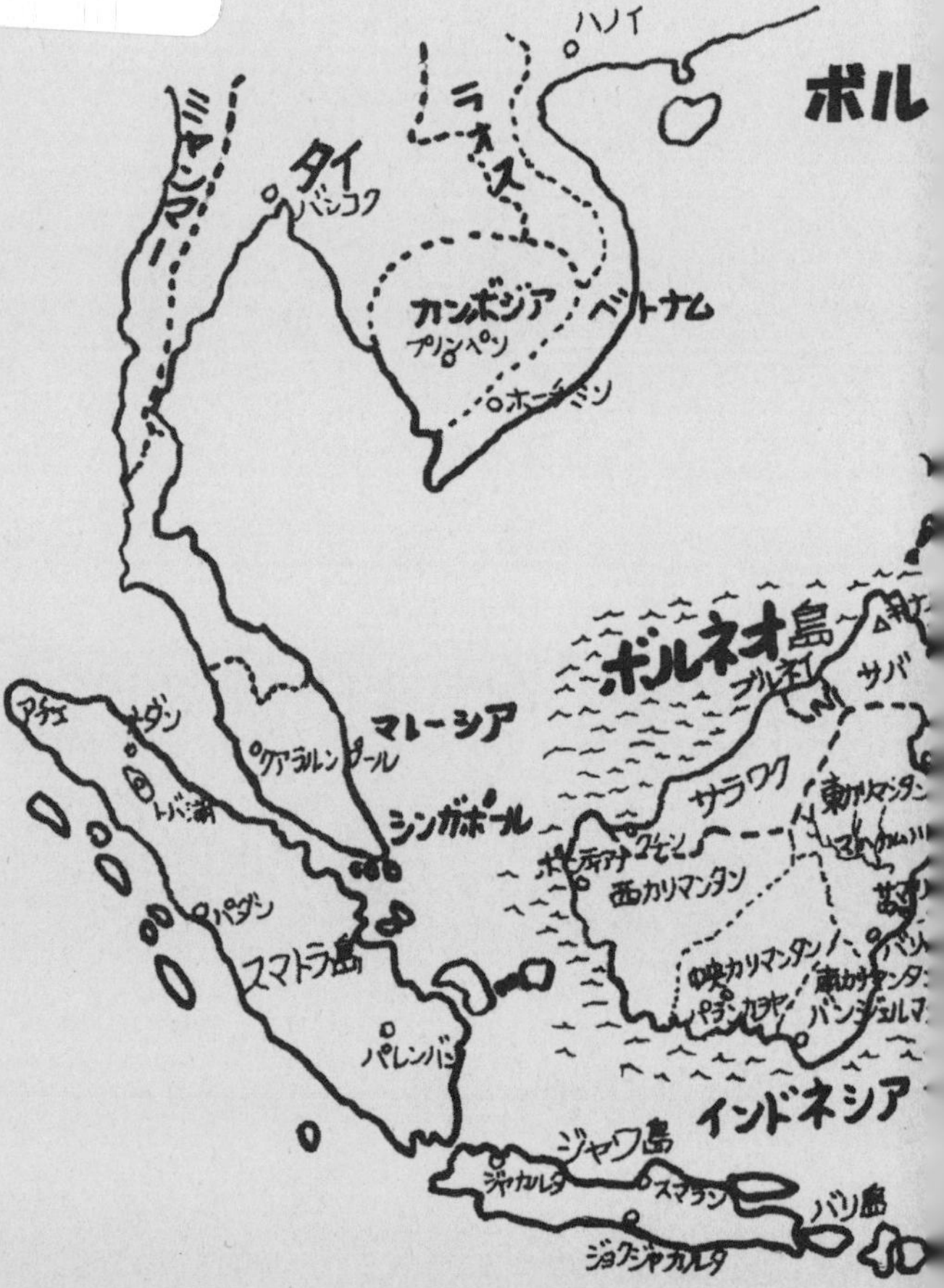
ハノイ
ミャンマー
タイ
バンコク
ラオス
カンボジア
ベトナム
ボルネオ島
サバ
マレーシア
クアラルンプール
トバ湖
シンガポール
サラワク
西カリマンタン
パダン
スマトラ島
パレンバン
インドネシア
ジャワ島
ジャカルタ
スマラン
バリ島
ジョクジャカルタ

湧き上がる雲の下で

ボルネオの自然と暮らし

高畑　滋

↑湧き上がる雲　マハカム川

魚とる人　スマヤン湖↓

←船に向かって
手を振る子ら

川の民の集落↓

川は生活の要所
↓

↑研究林の林相

↑森を貫く国道

↑巨大な板根 *Irvingia malayana*

↓熱帯資源林・クローブ *Syzygium aromaticum*

↑枝を打ち落とさないと種類が分からない

秘境の名花・黒い蘭 *Coelogyne pandurata* ↓

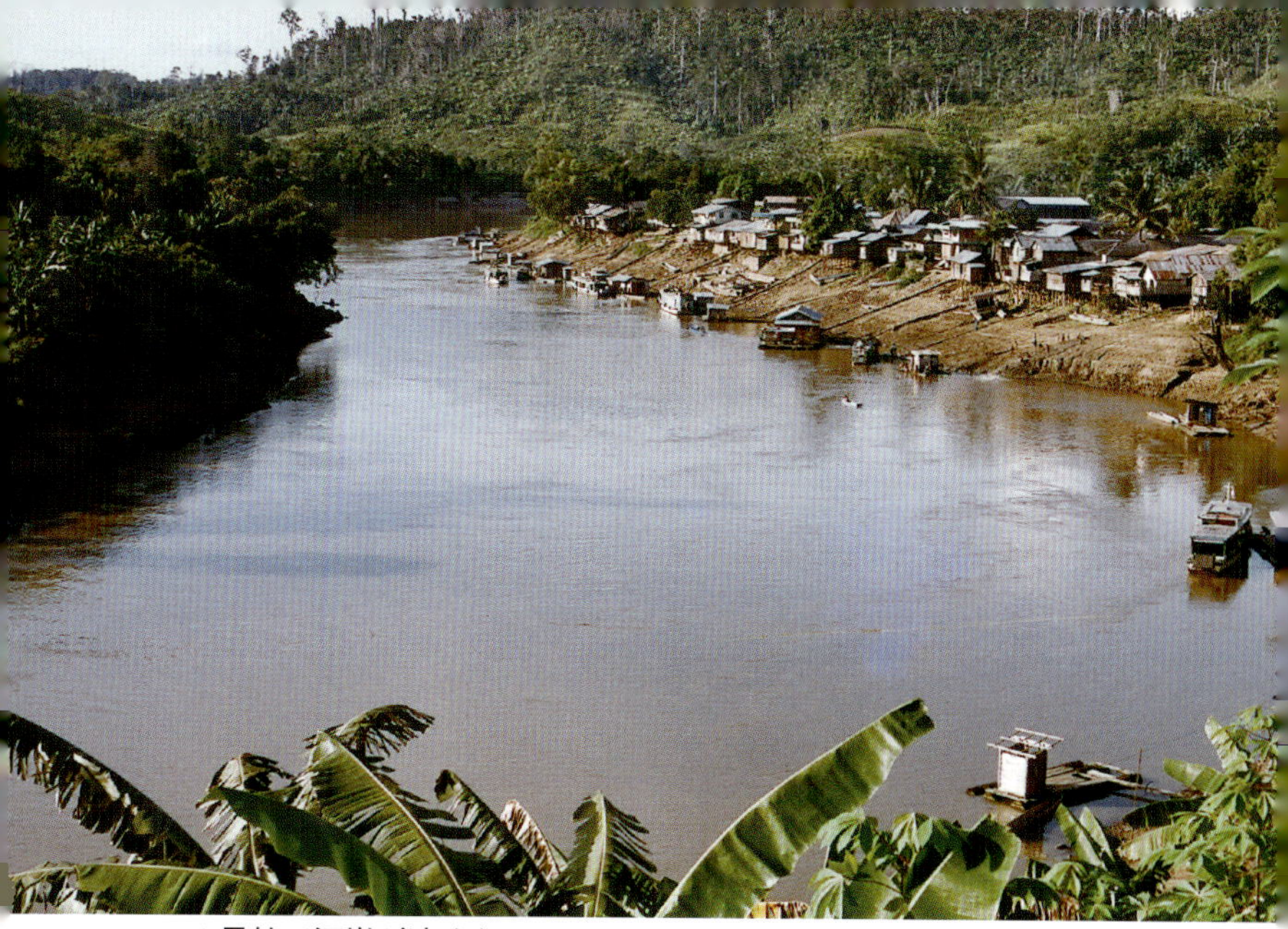

↑旱魃で河岸が遠くなる

熱帯林の伐採は止まらない↓

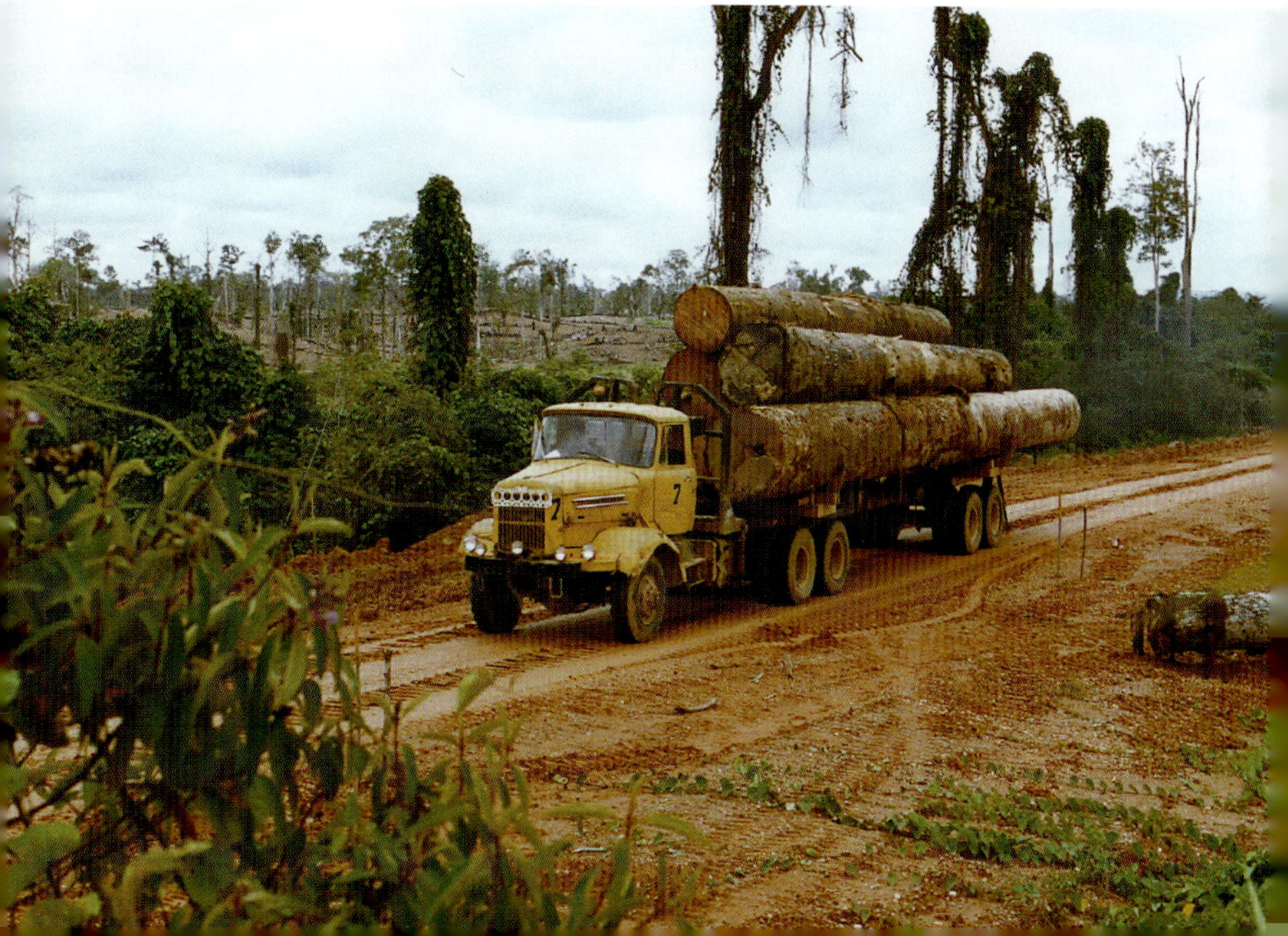

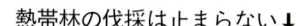

↑岩峰に雨が降る　キナバル山

墓場にて　トラジャ↓

↑ダヤク族のお祭り　エロウにて

耳の長いは美人の証拠↓

↑花嫁は 15 歳

われら泥んこサッカー少年団↓

目次

はじめに

これは私のインドネシア・東カリマンタンでの物語です。

北海道から南緯〇度三〇分という赤道直下の熱帯に赴任して、見るもの、聞くものすべて珍しく、不思議なことばかりでした。家族や友人にこの体験を伝えようと、ニュースレターを書きました。

振り返って一九八五年当時の文章を読むと、私の個人的な感想文であっても、初めて触れた熱帯の自然や暮らしについて、素直な印象を語っていると思います。

その後何回かの海外勤務を経験しましたが、初心忘れるべからずと、はじめての海外生活の印象を大事に、本書をまとめることにしました。

インドネシアに限らず熱帯アジアは、近年急速に変化しました。政治・社会はもちろん、自然についても大きく変わりました。特に熱帯雨林の減少は深刻です。

熱帯降雨林研究センターでの私の担当は、「リモートセンシングによる土地利用計画」でしたので、宇宙衛星からのデータで、熱帯雨林がどのように変化しているかを研究することが仕事でした。東カリマンタンの衛星データの解析から、原生林のような熱帯雨林は非常に少ない事がわかりました。

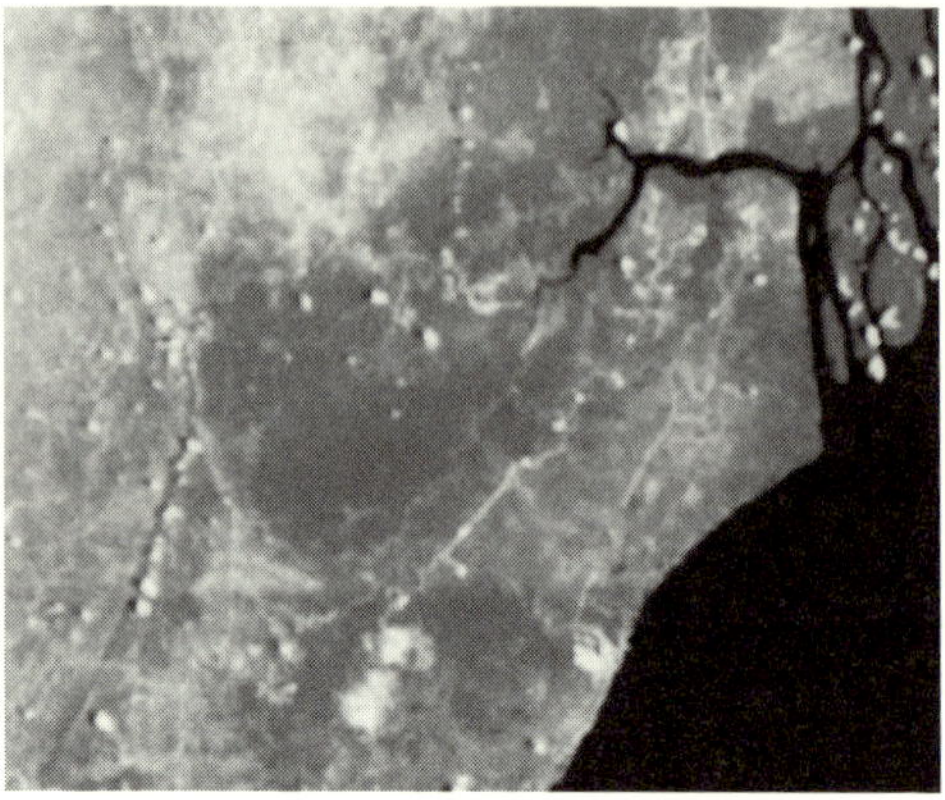

ブキットスハルト研究林の衛星写真

上の写真は宇宙衛星から観測されたムラワルマン大学ブキットスハルト研究林です。右上はマハカム川河口で、右下は海です。中央にやや濃く写っているところが森林です。この森林も一九八三年の山火事で被害を受けましたが、周辺の土地よりも色が濃く見えるのは、研究林以外は開拓が進んで畑になっていることを表しています。

世界全体で森林の減少が急速に進んでいることを知って、地球環境保全の面から、みんなで考えなければならない問題だと訴える必要があると思いました。それには熱帯雨林で経験したことをお話して、熱帯のことを良く知ってもらうことだと思いました。

その結果、熱帯雨林はこれ以上伐ってはいけないところだとわかっていただければ幸いです。

熱帯にいると毎日スコールにあいます。降った雨が森林から空中に蒸発して、雲になって、また雨になるという、水が循環していることを実感できます。森から雲が湧き出ているのを目で見ることができます。「湧き上がる雲の下で」というのは、熱帯雨林のことです。森の上に湧き上がった雲の下で、見たこと、聞いたこと、生活したことを、お話ししようと思います。

一・森の新聞「コーラン・ウータン」

発刊のいきさつ

一九八五年四月、私は〝「森の新聞」インドネシア特派員を命ず〟という辞令をもらって、札幌から東カリマンタン州サマリンダ市ムラワルマン大学熱帯降雨林研究センターに赴任しました。

それは国際協力事業団（JICA）の研究協力プロジェクトで、メンバーは、チーフ・アドバイザーY（京都大学名誉教授）、プロジェクト・リーダーJ（筑波大学名誉教授）、天然林施業専門家K（東京大学農学部）、土地利用計画専門家T（林業試験場）、コーディネーターH（JICA）という陣容のチームです。

「森の新聞」というのは、当時の私の職場、林業試験場北海道支場のサークル森のミニコミ紙で、札幌羊ヶ丘や周辺の森の様子を面白おかしく解説していたものです。

着任早々約束通りインドネシア支局を開設して発行したのが「コーラン・ウータン」です。

インドネシア語で「コーラン」は新聞、「ウータン」は森を表します。インドネシア人からは、文法的に普通こういう使い方はしない、日本語の「森の新聞」をインドネシア語で言うなら「レンバカン・ケフータナン」だと言われました。それでも、なによりも「オラン・ウータン」（森の人）をもじったような言葉が面白く、日本人のネーミングだからと勘弁してもらい新聞の名前にしました。この新聞は二年間で百号まで発行されましたから、一週間に一号というペースで、「サマリンダ週報」と言われました。

元の職場の上司からは、「遠い派遣先でどうしているのか心配していたが、『コーラン・ウータン』のおかげで逐一様子がわかって安心している」と評価されましたが、口の悪い同僚からは「暑さボケして遊んでいるのが良くわかったよ」とか、「本人だけが喜んでいる盆栽趣味の世界ですね」と皮肉られる結果にもなりました。しかし、「熱帯林のことが良くわかって面白い」という真面目《まじめ》（？）な反響に励まされて、百号まで出し続けることができました。

「コーラン・ウータン」の紹介記事

熱帯林業（一九八六年六号）にMさん（林業試験場）が次のように紹介してくれました。

熱帯降雨林（インドネシア）からのニュースレター・コーランウータン（森の新聞）オランウータンをもじったような名前のコーランウータン「森の新聞」が、昨年（一九八五年）四月から私の職場、林業試験場関西支場の図書室へ送られてきている。発行所はボルネオ島、東カリマンタン州サマリンダ市ムラワルマン大学熱帯降雨林研究センターである。新聞発行の動機を「海外赴任者から家族・友人への手紙のつもりではじめた」と高畑さんはいう。この一年間で五十数号だから、実に週刊誌並みの回数である。コーランウータンには、ありとあらゆる記事が取り上げられて、図や写真入で掲載されている。「森の住人録――博物誌」にはジャングルの動植物の紹介、「ライフ・イン・サマリンダ」では現地の風俗や日々の暮らしぶりが報告されている。これを読むと、ボルネオ島の森林・林業の実情と仕事振りがわかり、人々の生活の様子が目に浮かぶようである。

本が遅れた理由

帰国後「コーラン・ウータン」はバックナンバーを製本して図書室に納本しましたが、手を入れて単行本とするつもりでいました。その時、表題は『湧き上がる雲の下で』とすでに決めていました。そのうちに私の次の赴任先が西アジア乾燥地のシリアと決まり、熱帯雨林と対照的な現場なので、勉強の仕直しとなり、「湧き上がる雲…」はそのまま遠い空の上に消えたままになっていました。

次の赴任地シリア・アレッポ市・国際乾燥地農業研究センター（ＩＣＡＲＤＡ）に着任後、性懲りもなく今度は「砂漠の新聞・ジャリダット・アル・バディア」（ジャリダットは新聞、バディアは沙漠）を発刊しました。こちらは湾岸戦争などで途切れて三六号で終わりましたが、貴重な砂漠地帯での経験を知ってもらおうと、『砂嵐に耐えて――沙漠の新聞から――シリアの自然と歴史』（一九九五年）にまとめました。本当は『湧き上がる雲の下で』のほうが先に出るところだったのですが、逆になってしまいました。

熱帯降雨林研究センターには、私たちのチームの後、多くの研究者が着任して成果を挙げました。ニュースレターの類もそれぞれ特徴あるものが出されて、「コーラン・ウータン」はすっかり過去のものとなりました。なかでも動物生態学者の安間繁樹さんは変わりゆくボルネオ島最奥地の自然とダヤク族の生活を調べて、『ボルネオ島最奥地をゆく』（一九九五年　晶文社）という好書を出されました。さらにブルネイやマレーシア・サバ州での勤務の後に『キナバル山　ボルネオに生きる――自然と人と』(二〇〇四年　東海大学出版会)を書かれています。

井上真さんは森林社会学の立場から、ボルネオ島クニャー・ダヤク族の焼畑システムを調べて、数々の学術論文を発表し、一般書としても『熱帯雨林の生活――ボルネオの焼畑民とともに』(一九九一年、築地書館)、『焼畑と熱帯林――カリマンタンの伝統的焼畑システムの変容』(一九九五年、弘文社)を書かれています。博士論文として評価された学問的に高度な内容を、一般市民が面白く読める本に仕上げています。もはや古いコーラン・ウータンの出る幕は無いとお蔵に入っていましたが、私なりの情報発信も必要だろうと、歴史をまとめるようなつもりで、再び熱帯の話を取り上げた次第です。発刊が遅れた分だけ広く冷静に振り返ってみようと思います。

「コーラン・ウータン」の記事は当時の新鮮な印象を良くあらわしており、再録できるところはできるだけこの本にも入れました。記事の構成は、大学や研究センターの出来事を新聞一面に、街での風物詩「ライフ・イン・サマリンダ」は二面に置くのが基本でした。ほかに囲み記事的に、「森の住人録」で森の生物たちを紹介し、「インドネシア語面白字典」は、インドネシア語の単語を取り上げました。絵日記のようだといわれたスケッチもできるだけ入れるようにしました。

二・赤道直下は暑くない

氷は安全か

サマリンダは南緯〇・三度ですから、ほぼ赤道直下に位置しています。北海道からいきなり赤道直下では、暑くて大変だろうと言われますが、それが意外に暑くないのです。日本で「熱帯夜」と言うのは偏見で、赤道直下の熱帯の気温は夜など肌寒さを感じることがあります。日中太陽が当たるところは、さすがに焦げるような暑さですが、日陰の気温は三〇℃くらいです。気温が高くなると決まってスコールが来て冷やしてくれます。まるでコンピュータ管理の大きなグリーンハウスに居るようです。しかし、はじめは快適な暑さに思えましたが、そのうち一年中同じ暑さと言うのにストレスを感じるようになりました。四季のはっきりした北海道に暮らしていたせいか、季節の変化の無い状態に不満を感じました。人間って贅沢なものだと思いましたが、ピリリとした冷気が恋しくなり、蛇口から出る冷たい水が欲しくなりました。

日本では冷蔵庫はどの家庭にも普及していますが、サマリンダの一般家庭にはあまり普及していません。単身赴任の専門家の家では冷蔵庫に入れる食品も多くないために、メイドの副業？として冷凍庫で氷を作って売るのがはやったことがあります。氷はそのまま口にする貴重品ですから、十分に加熱・沸騰させた水を使います。冷凍庫に入れる前に、完全に冷やせばよいのに、消毒したあと直ぐに氷にしないと食べられる氷にならないと思うのか、メイドは沸騰したお湯をビニール袋に入れるとそのまま冷凍庫に入れてしまいます。これを目撃したK先生は、「冷凍庫がジューッと音がして煙がもうもうと出た…」と証言しています。これでは冷凍庫の故障につながりますので、氷作りの副業は厳禁となりました。しかし、主人が出張などで長期に家を空けるとき

には、副業は続いていたと思われます。

　氷はどういうところに使われるかと言うと、食堂でビールを注文すると、コップの中に氷を入れて持ってきます。派遣前講習で、生水は飲まないように繰り返し注意されていました。特に氷が危ないといわれていましたので、生ぬるいビールでも私は氷を入れないで飲んでいました。K先生はお医者さん一家の家庭で育ったせいか、衛生には人一倍うるさくて、私など衛生に無とん着な者はしょっちゅう注意されていました。ハエが止まった皿を、手で払いのけて食べていたら「君は衛生観念が無いな！」とあきれた顔で注意します。「そんなこと言ったら食べるものが無いでしょう」とハエだらけの食堂では私だけ食事したこともあります。常にアルコール綿を持参し、せっせと拭いているので、「注射するわけでもあるまいし…」。

　そのK先生が、なんと「氷は安全だ」と氷割りビールを美味そうに飲み始めました。聞いてみたら「ジューッと音がするほど沸騰させた水を凍らせた氷だぜ、氷ほど安全なものはないよ」と言うことだそうです。

湧き上がる雲

暑いな！と思って空を見上げると、入道雲がグングンと大きくなるのを見ることがあります。頭の上から雲が湧き上がっている感じです。地上全体が沸騰して、空に向けて盛んに蒸気を巻き上げているといったらいいでしょうか。

実際に雨が降った後に強い陽が照ると地面が湯気を立てています。こうして大量の水蒸気が勢い良く空に昇っていくのです。地上の温度に較べて上空は冷たいので、急速に冷やされて雲になります。雲は細かい水の粒ですから、この粒を核にして、下からどんどん上ってくる水蒸気が集まって大きく重い粒になって落ちてくるのが雨です。

熱帯の上空はそれほど冷たくありませんが、それでも地上で三二℃の気温のときに、二千m上空では二〇℃位に低くなります。地上で三二℃のとき水蒸気は三〇・四gあります。二〇℃の空気一㎥に含まれる水蒸気は最大でも一七・三gですから、余った水蒸気一三・一gは水滴になり落ちてきます。これを模式図に示したのが下の図です。

雲がもくもく空に湧き上がると見る間に、スコールがやってきます。暑い日差しが遮られるだけでも、急に涼しくなるのに、バケツをひっくり返したような雨に当たると、インドネシアの人たちは、「ディギン！　ディギン（寒い寒い）」と大騒ぎです。それでも子供たちはガタガタ震えながら、わざわざ屋根の下の雨水

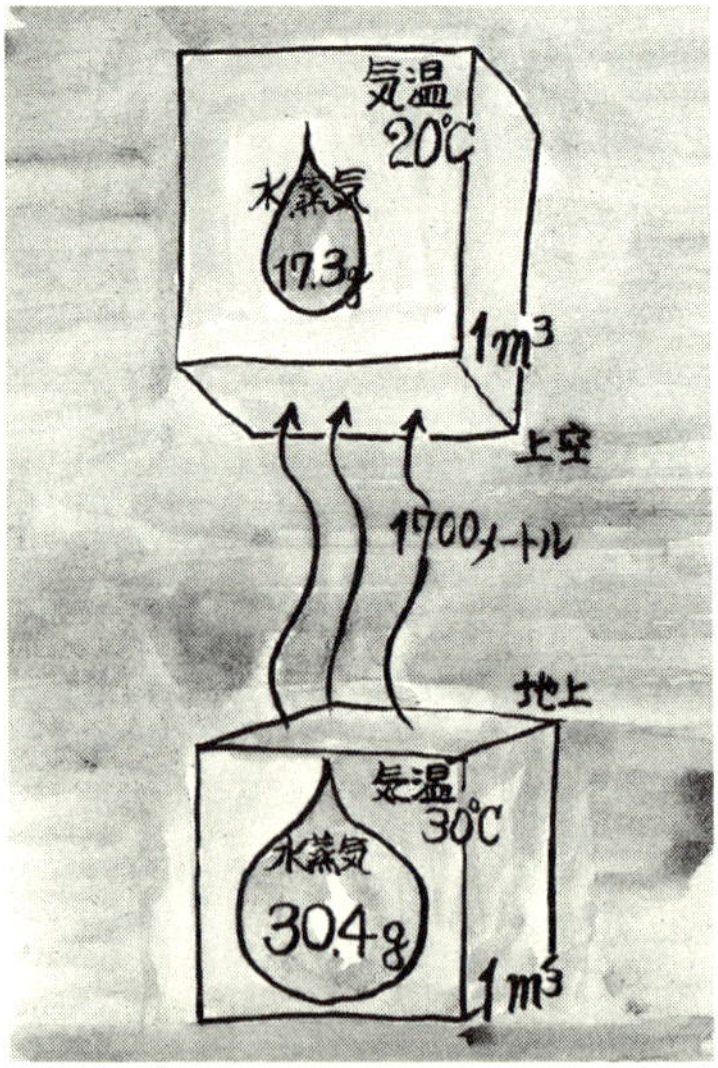

の集まるところで水浴びをして遊んでいます。

このように湿潤熱帯では、大気を循環している「水」を実感することができます。特に森林のあるところでは、はっきりと森と雲の間を水が循環していることを知ることができます。飛行機の上から見ると、森の有るところだけに雲があるのに気が付きます。半島や島でも森の形なりに雲が上空に張り付いているのは面白いと思いました。まさに森から雲が湧いてくる様子を見ることができました。

暑くなったなと思うと、スコールが来て冷やす様子は、精巧な人工気象装置のようです。赤道直下の気候が快適な状態で安定していることは、住んでみて実感しました。地球上で人間が住めるところは、何処でもそれなりに環境がうまく制御されているものだと思いました。

後年、日中気温四〇℃の日が続く砂漠地帯の夏も経験しましたが、湿度が低いので、家の中に居る限り暑いと感じることはありませんでした。冬マイナス二〇℃の北海道でも家の中は住みやすいと思うのと同じかもしれません。

サマリンダは天然の気象制御装置の下で、野外全体が恒環境といってよい状況です。人

研究林気象データ　1992年5月

	降水量 mm	蒸発量 mm	最高気温℃	最低気温℃	平均気温℃	最高湿度%	最低湿度%	平均湿度%
上旬	79.8	39.5	32.5	24	28.4	88.1	44.9	65.9
中旬	89.1	33.2	32.8	23.3	28	88.2	46.7	67.8
下旬	186.4	67.6	32.8	23.3	28.1	88.3	49.5	68.3
月合計	355.3	140.4						
1日平均	11.1	4.5	32.7	23.5	28.2	88.2	47	67.3

Hastaniah：Meteorogical Observations at Bukit Soeharto Research Station in 1992より作成

が住む家は密閉性の高い寒地住宅とは逆に、隙間だらけで外の環境と同じ状態を保つように考えられているようです。天然気象制御装置の森が在る限り赤道直下は究極の住みやすいところといえそうです。

ブキットスハルト研究林の気象

研究林に気象観測装置があって毎日気象データを取っています。一九九二年五月の旬別データを表に示しました。一ヶ月のうち二〇日は雨が降っていますから、毎日雨が降っている感じです。

最高気温は三二℃くらいで非常に安定しています。湿潤熱帯では日中どんなに暑くなってもスコールで冷やされるので、気温は三四℃以上になることは無いようです。そのかわり湿度が八八%と高いので蒸し風呂という感じです。最低気温は二三・五℃ですから、いわゆる熱帯夜ではありません。研究林で泊まる時には気をつけないと寝冷えするので、掛け布団が必要です。騒がしい程の動物たちの鳴き声を聴きながら、研究林で眠る夜は、本当の熱帯夜は快適なものであることを実感させてくれました。

森が無いと雲ができない

飛行機の上から見ると、森があるところだけに雲があるといいましたが、森には雲を生む仕掛けでもあるのでしょうか。森の中に入って水の動きを見てみましょう。

水はもともと生命にとって必要なもので、あらゆる生物は水なしには生きていけません。熱帯雨林の高い樹のてっぺんの葉にも、光合成に必要な水が届くようになっています。葉の裏に気孔という穴があって、ここから水分が出て行きます。植物には、動物の心臓のようなポンプの役割をするものがありませんから、根に入った水がどうやって何十メートルも高いところまで昇っていくのか不思議です。気孔から水を蒸発させて、後の水を毛細管で吸い上げる作用も大きく関係しています。とにかく根から吸収された大量の水は、その殆どが葉から蒸散していきます。土壌に水がないと樹木は水を吸えません。気孔は開かずに蒸散は起きず、雲となる水蒸気が出て行かないので、森から雲が湧き出るようなことはなくなります。

森と雲との間の水の循環は、微妙なバランスの上に成り立っているようで、一度何かの原因でこの循環が途切れると、雨が降らなくなります。雨が降らないと森から雲が湧いて出ることが無くなり、雲が無ければ雨が降らないという悪循環になります。

このきっかけの一つがエルニーニョと呼ばれる赤道太平洋域に高水温域が広がる現象で、広い範囲で大気・海洋相互作用があらわれることが影響していると思われます。海水面が例年より高温だと、海から供給される水蒸気が陸地に入り込みにくくなるのか、陸地に雲ができず雨が降らなくなります。こうしてエルニーニョの年には、ひどい旱魃になります。私が派遣される二年前の一九八二―八三年にエルニーニョが原因で旱魃が起き、東カリマンタンで三百五〇万haの森林が焼失したといわれます。雲の素である森林が燃えてしまっては、ますます雲ができなくなり、雨が降らずに森林の枯損がひろがることになります。一度水の循環が途切れると、ひどい旱魃になるという例です。

三. どうなる熱帯雨林

熱帯雨林はどんなところ

私がいるところは、南緯〇度三〇分、東経一一七度二〇分です。此処から約五五㎞北に赤道が通っていることになります。熱帯雨林は図のように、赤道をはさんで南・北緯度それぞれ一〇度くらいのところに出てくる森林です。赤道付近は最も太陽エネルギーを強く受け、平均気温二五℃と暑いのですが、降水量が年間二千~四千㎜と多く、月平均降水量が六〇㎜以下という乾燥期が無いこと、蒸発量は降水量より少なく平均湿度八〇%と年中湿潤なのが特徴です。世界の気候区分をしたケッペンによれば湿潤熱帯（Af）気候の典型的なところになります。

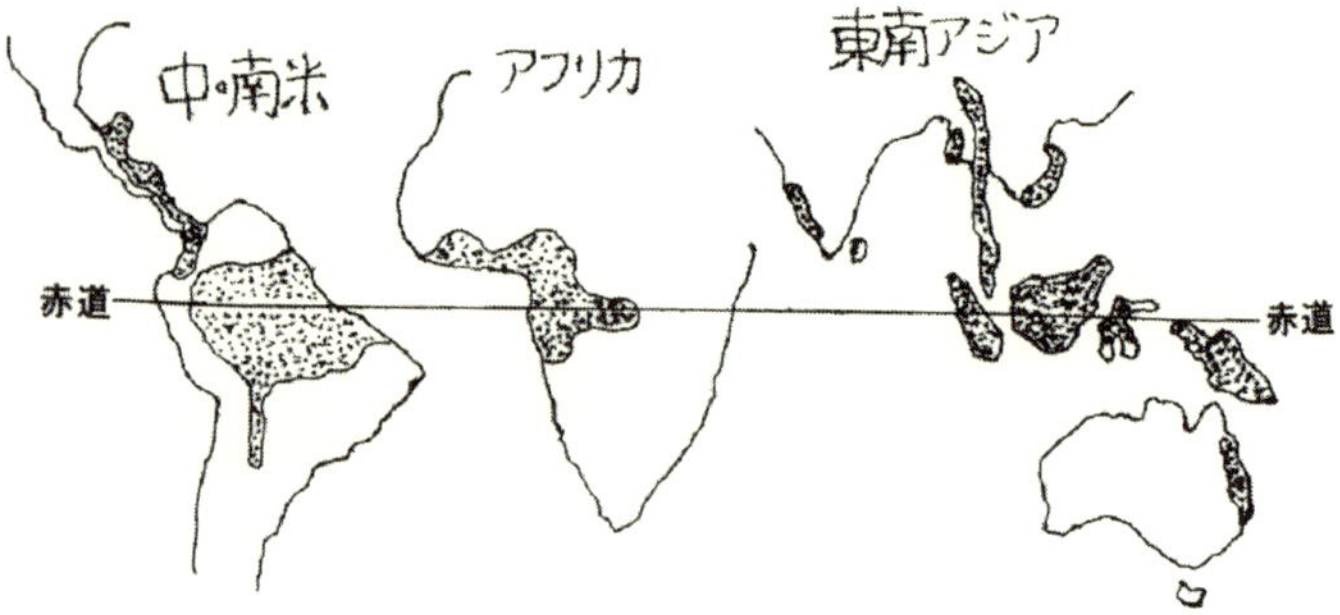

熱帯雨林の分布

年間の気温変化が一日の気温変化より小さいので、季節がありません。植物の生育にとっては、太陽と水がいつも十分にある恵まれた環境です。世界的に見てこのような環境は、ここボルネオ・マレーシア地域とアマゾン流域、アフリカのコンゴ・ギニア地域だけです。

地球の何十億年にもわたる生命の歴史からみて、現在の熱帯雨林を考えるのにどの時代までさかのぼったらいいかということは大変難しいことですが、一億年前の白亜紀に、気候が温暖で被子植物が繁栄したことが知られています。被子植物は雌しべの下に子房という器官を作って種子を確実なものにするように進化した植物です。熱帯雨林はその時代に世界に広がった森林の様子を一番残していると見られ、一億年の生態系の進化を解析できる場所として関心がもたれています。ボルネオの奥地の森林には、どういう生物がどんな生活をしているのかわからないものがたくさんあります。ただ珍しい生物だというだけでなく、地球の歴史の謎を解く不思議な生物の集まりだという目で熱帯雨林を観察する必要があります。これは研究者だけの仕事ではなく、環境問題に関心を持つ市民が、直接熱帯雨林を訪問し、地球の進化を感じてもらう必要があることだと思っています。

しかし熱帯雨林は誰もが簡単に行ける所ではありません。日本でも自然ウォッチングツアーが盛んで、世界各地に出かけるツアーが企画されますが、熱帯降雨林ツアーは一般的ではありません。蒸し暑い森の中をトレッキングするのは快適ではありませんし、危険も多いものです。人間にとって快適な自然ではなくても、地球にとっては「心臓」の役割にあたる熱帯降雨林の大切なことを理解していただきたいと思います。

史上最大の山火事

ボルネオの森林の状況を報告するのに、欠かせないのは一九八二～八三年の大旱魃と山

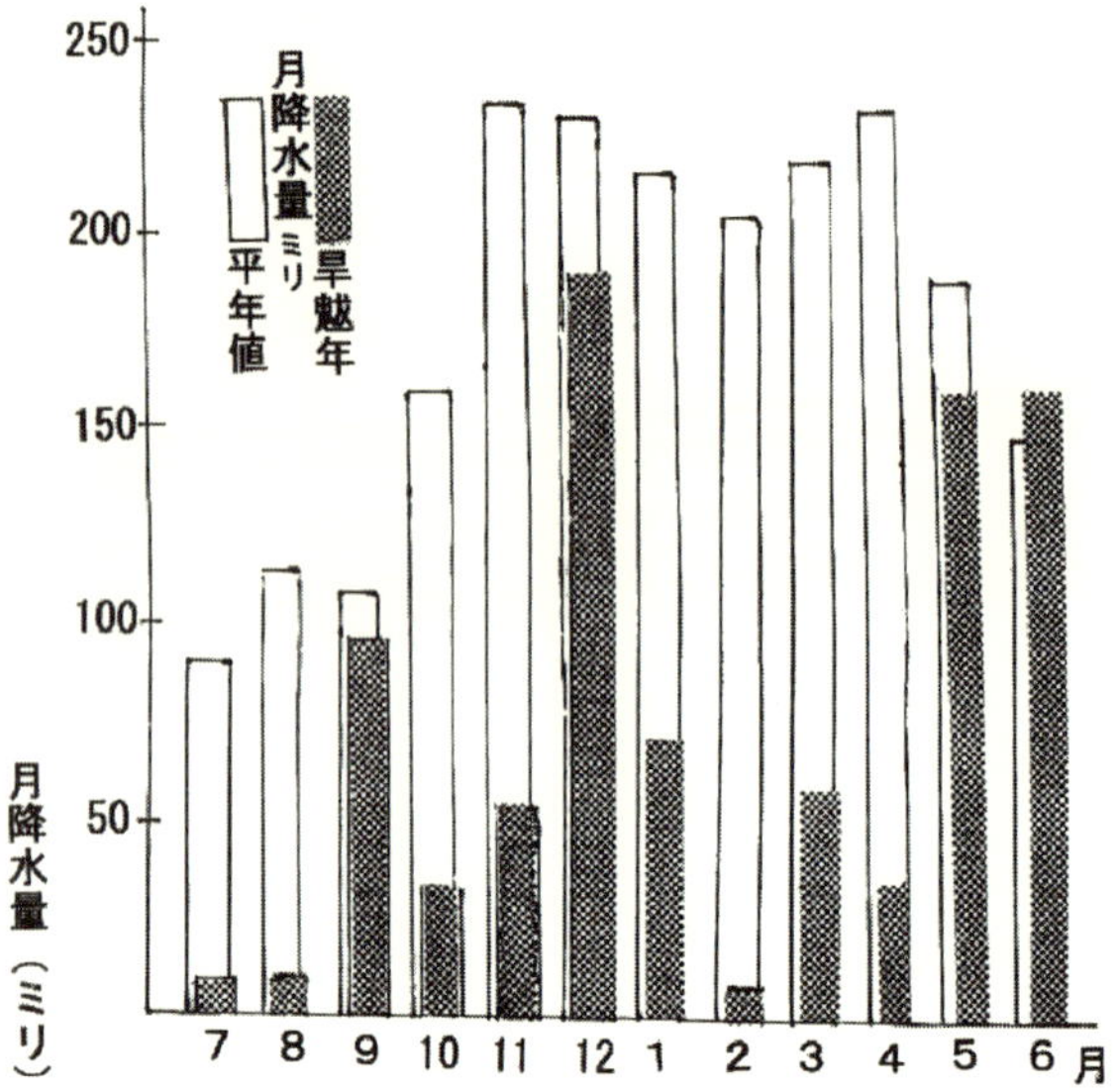

図　月降水量（mm）旱魃年と平年値　コタバグンTAD測定

火事のことです。実は私たちがサマリンダに派遣されるようになったのもこの山火事後の森林再生の研究を支援するためです。当時日本ではあまり報道されませんでしたが、面積にして三五〇万ha（九州全土と同じ広さ）が六ヶ月間燃え続けるという大火災になりました。

森林火災の元は、ペルー沖の冷たい湧水域の水温が上がるエルニーニョ現象による異常気象でした。図にこの時の降水量を示しました。白棒グラフが月別平年降水量で、黒棒グラフが一九八二年七月から八三年六月までの月降水量です。例年の三分の一くらいの雨しか降りませんでした。特に、いつも雨の多い一～四月に例年の二〇％の雨という旱魃でした。日差しが強い熱帯で連日三〇℃を越す暑さでは数日雨が降らないと旱魃になるといわれます。十ヶ月間も雨不足が続いて、全く雨が降らない日があると、農作物はおろか森林も枯れてしまいます。八二－八三年の旱魃は、たとえ山火事が起こらなくても広い面積で森林が枯れただろうと言われています。湿地のようなところでもカラカラに乾いて、地中の根まで燃えやすくなっていたので、山火事の火は地中を伝わって何ヶ月も燃え続けたと報告されています。

普通、熱帯雨林は年中じめじめしていて、簡単に焚き火もできないところです。大学研究林で学生たちがキャンプファイアのために、太い樹を集めて積み上げたことがありました。しかし、いくら灯油を掛けても火がつきませんでした。細い枝を集めなおしてやっと火がつきました。このくらい湿った樹でも、何日も乾燥機に入れて乾かせば燃え易くなるのは当たり前です。

図は山火事被害図です。東カリマンタン駐在のドイツ国際技術協力機関が、山火事後五ヶ月に空中写真と現地確認とで作り上げました。湿地や焼畑・二次林が強く燃えた様子がわ

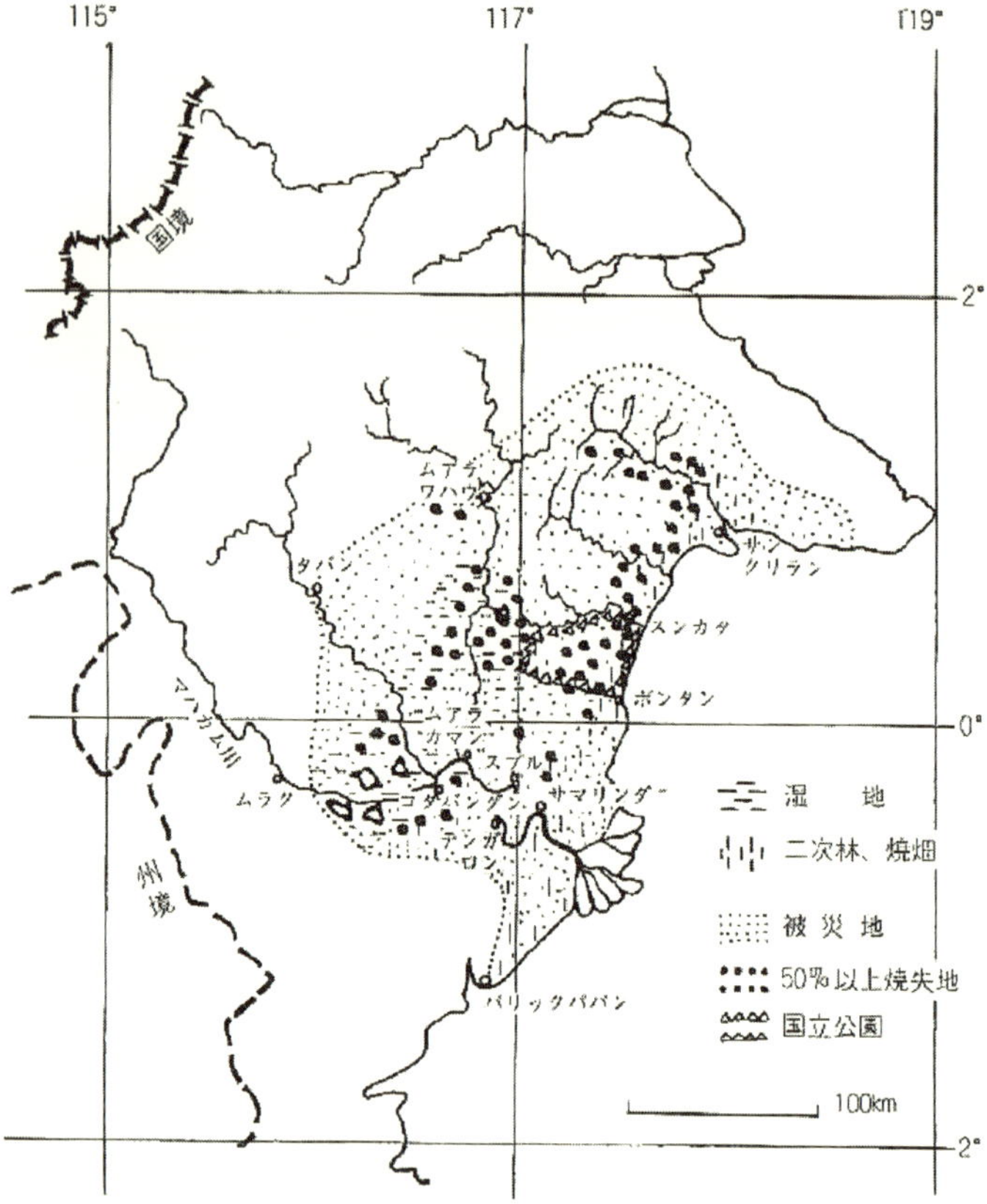

山火事被災地図（TAD 報告書 1982 年より作成）

かります。これは燃えやすい細い樹があって、旱魃で木の葉が枯れて落葉したところほど被害が大きかったといえます。旱魃は自然災害ですが、山火事は人為災害だといわれる所以です。

ボルネオの森林には、多くの焼畑耕作民が生活しています。焼畑は樹を伐採し火入れをして地表面をきれいにしてから陸稲やトウモロコシの種を播きます。旱魃の年にも良く燃えるからと、各地で焼畑が行われたことは間違いないと思われますから、火種には事欠きません。八二年山火事もあちこちから燃え広がったと言われます。

日本から文部省海外学術調査研究「東カリマンタン山火事跡の生態遷移」(代表田川日出夫鹿児島大教授他四名)の一行が一九八六年七月に来て、サマリンダから船でボンタンに向かいました。クタイ国立公園で、山火事が熱帯雨林生態系に与えた影響を調べました。山火事から三年経ち、この間に再生した二次林を調査しました。地形・土壌水分・伐採の有無などで被災程度が異なり、再生した二次林のタイプも十種類ぐらいに分類できたという報告がされています。このとき再生したヒロハオオバギは直径三cm、高さ一〇mと計測されていますが、さらに八年後田川さんが計ったヒロハオオバギは直径五cm、高さ一五m

ありました。この再生林は十年で寿命なのか枯れ始めていたそうです。このように世代更新をしながら、元の熱帯雨林に近づくのは百年先だろうと見られています。

熱帯雨林のしくみ

熱帯雨林というとどんな景色を想像されますか。太くて高い樹に蔓植物がからんで、いろいろな動物がたくさん居ます。生物の種類が多くて、複雑に関連しあって、大きな森の世界をつくりあげています。

生物種の多いことといったら正確には数がわからないほどです。ダーウィン（一八〇九～一八八二年）と共に進化論を唱えたウォレス（一八二三～一九一三年）はアマゾン探検の後マレー諸島を探検して、赤道地帯の森林について述べています。天蓋を覆う壮大な森林は、同じように見えても、一本一本異なり、同じ種類を二本見つけられることは殆ど無いという表現で、熱帯雨林の種多様性の高いことを表わしています。一九八四年にホイットモーアが東カリマンタン州ワナリーセット試験地で調べた面積あたりの高木種数では、一・六haに二四〇種類という結果があります。まだ面積を広げれば種数は増えそうです。

熱帯雨林の特徴は、種の数が多いだけではありません。それぞれの種が複雑に絡み合って生活している場所なのです。植物だけではなく、昆虫や動物に至るまですべての生きものが森を支えています。どれ一つとして単独では生きられません。このような生物社会を生態系と言っていますが、熱帯雨林生態系は地球上で最も複雑で高度な生態系であると言ってよいと思います。

今まで研究者が容易に近づけなかった熱帯雨林には、何があるのかさえ分かって居なかったのが実状ではないでしょうか。最近になって、リモートセンシング（遠隔探査）や情報科学が進歩して、熱帯雨林のしくみが解明されようとしています。熱帯雨林にはまだ知られていない生物資源が隠れている可能性があります。熱帯雨林生態系の構造やしくみには、地球上の生物全体の歴史やこれからの運命がかかっているかもしれません。

標本と線画リスト

熱帯雨林の植生調査をするのは大変なことがわかりました。熱帯樹種判別の訓練を受けていない私には、見るもの触るものすべて初めての植物で、同じような植物で、違う種類であったり、同じ樹種で、樹齢が違うと全く違う葉の形であったりで困ります。高い樹では葉を観察しようにも高すぎて葉が見えません。図鑑で花や果実が決め手だと描いてあっても、季節の無い熱帯では何時花が咲くのか分かりません。毎年咲くわけでもなく、何年も花が咲かないこともあるようです。現地の樹に詳しい人に、樹の見分け方を聞いたところ、鉈で樹皮を切って、内側の皮層を見たり、材質や樹脂を調べて樹種が分かるそうです。実際、私たちを案内した現地の人は、内皮をなめて樹種を判別していました。こうなると外来者には全く分りません。「内皮にツンとくる匂いのある木」と記載しても整理できません。

森林の構造など、樹種が分らないと解析できないので、慣れるまでは大変です。樹種判別の基本として標本を作ることにしました。高い木の葉を取るのにも苦労します。銃で樹冠の枝を撃ち落すのが良いようですが、平和日本では銃などありません。サルを訓練して枝を取らせる方法もあるといいます。縄梯子や楔を打ち込んで人が登って採る方法は試してみましたが、サルに近いくらい身軽な人でないと何十メートルも登れません。私には不安定な縄梯子は怖くて使えませんでした。強力パチンコは使えますが、効率はよくありません。

やっとのことで集めた葉を押し葉にしますが、一mもあるような大きな葉があるので、折り畳んだり、切って一部分だけ乾燥したり、標本台紙に収まるようにするのに苦労しました。一種類に三点づつ乾燥標本をつくるようにし、ボゴール植物園に持ち込んで同定してもらいました。

名前がついて戻ってきた標本に、ラベルをつけて標本庫に収めます。クタイ国立公園にオランウータンの調査に入っていたS先生（京大霊長研）からも標本が届いてだいぶ溜まりました。パソコンに入力し、五八七種について線画を描き、『Illustrated Plant List of PUSREHUT』（研究センター特別報告五号）として刊行しました。表紙の絵や、キャラク

「研究センター特別報告５号」と
キャラクターイラスト

ターイラストも描かせてもらい想い出深い一冊となりました。

この報告書に収録した植物種は、私の実感としても熱帯雨林の中のほんの一％未満でしかないと感じています。

一斉開花

季節の無いインドネシアで、最初のカルチャーショックは、季節の話です。

「日本のサクラは何時咲く？」

『春だよ』

「日本の春は何月だ？」

『？？？』

春という言葉は知っていても、それが何月なのか全然分からないのです。「ふーん、日本の春は三〜四月か」とすごく感心されると、とんでもなく遠いところへ来てしまったと感じます。

季節の無い熱帯雨林では、花の咲く時期が決まっていないと感じました。一年中森の何処かで花が咲いている樹があるようだし、花が咲き出すと回りの樹もいっぺんに咲くこともあるようです。私には花は勝手気ままに咲いているとしか見えませんでした。勝手気ままが、たまたま重なり合ったのが一斉開花だと勝手に理解しました。一般的には熱帯の樹にも繁殖季節があるというのが通説ですが、何が引き金になって花が咲くのかよく分かりません。気温は一年中同じですから、多分ちょっとした水分ストレスを感じて花が咲くのではないかと思っています。

もともと被子植物の花は、交配するのに動物に来てもらう必要があるので、動物にとって訪問したくなるような魅力のある花でなければなりません。ところが森林全体が開花するような一斉開花は、植物の繁殖戦略上有利なのか疑問です。花を訪れて花粉を媒介する昆虫や鳥は、急に増えることはありません。一斉開花前に訪花動物を増やすような兆候が

一斉開花した大木

植物から出ているような様子も見当たりません。一斉開花しても元からいる動物が、大忙しで大量の花を訪問して受粉して回っているだけだと思うのですが、何か別な現象が隠れているかもしれません。熱帯雨林の中でも突出して大きい樹が、一斉開花の傾向が強いといいますから、開花は環境条件の組み合わせで、気まぐれにみえる咲き方をして、動物の目に止まるような目立ち咲きが一斉開花だと考えたほうが良いようです。この一斉開花という不思議な現象は、森林学者の関心を呼び、熱心に研究されていますが、一斉開花の時だけ調べても分からないので、長い年月をかけた森林調査が必要だといいます。

自然摘果

大学研究林の中でディプテロカルプス・コルヌトス（フタバガキ科）の大木が花をつけました。樹の下に行くとよい香りがします。図のようなピンクの五花弁の大きな花が落ちていて、なにやらお花見気分です。三〇mはあろうかと言う高い樹の上の方には、いっぱい花がついているようです。ガクは二枚が後で大きくなりますが、残り三枚は痕跡程度です。花のうちからどんどん樹から落ちてきて、果実になっても小さいものが落ちてきます。果実は熟すと直径二～三cmの大きさになり、これに長さ一五cmほどの大きなガクが羽のように二枚着きます。お正月の羽根突きの羽根を大きくしたような感じです。風に乗って飛ぶような形ですが、実際にはぽとりと下に落ちてきます。二枚の大きな羽は、若干衝撃を和らげる効果があるかなという程度です。

研究林のコルヌトスの実が樹から落ちてくる現象を、K先生が調査しました。落ちてくる実を毎日全部回収して、数と虫害の有無を調べたところ、殆どが虫食い果実で、健全な果実は二%くらいだったということです。虫が侵入すると果柄の付け根が落ちやすいように離層ができるのではないかと見られています。はじめにたくさん花をつけても、実際に熟して発芽できるような果実になるのは、〇・数%という数でしょう。どの樹も子孫を残すための戦略を持っていますが、フタバガキ科の樹は、比較的大きな果実を数少なく、確実に発芽できるものを残す戦略のようです。

ドリアンは熱帯果実の王様といわれ、トゲでおおわれた直径二〇cmになる大きな果実ですが、早い時期に直径一~二cmの実をたくさん落とします。ドリ

コルヌトスの花

アンのミニチュアみたいなかわいい形は、そのままアクセサリーとして人気が出るのではないかと思えました。小さな種子をたくさん生産して、大量にばら撒く戦略の植物もあれば、自然摘果で確実なものだけを残す戦略の植物もあるということです。

アリと共生する植物

研究林は部分的に古い熱帯雨林が残っている程度で、国道に近いところは、山火事後に生えてきた山火再生林です。ここにマカランガ（*Macarannga* sp. 現地名マハング）というトウダイグサ科の低木がたくさん生えています。種類は此処だけでも二〇種ぐらいはあります。その多くは茎が中空で中にアリを住まわせています。住まわせていると言っても、別に賃貸契約を結んでいるわけでも無く、中空の茎をアリが勝手に住処にしているだけだと思われるのですが、マカランガのほうでは、木の葉を食べに来る昆虫をアリが撃退してくれるガードマンの役割が期待されています。

河口などのマングローブに着生するアリノトリデ（アカネ科）という、アリのマンションみたいな住居を提供する植物があります。中が迷路状のトンネルでつながったアリの部屋になっています。アリノトリデは自分の栄養はアリの食べ残しや、糞から採る完全な共生関係にあります。

アブラムシとアリは大変仲が良く、アリはアブラムシを捕食せずに、アブラムシの尻から出る甘露を好物としています。そしてアブラムシが好む柔らかい葉や茎に移動するのを手伝ったりします。植物のほうはアブラムシに樹液を吸われるのは迷惑なのですが、アリがアブラムシの仲良しで一緒にいるので、他の昆虫を追い払うガードマンを雇うことになります。報酬を与えて利益を得ているので、やはり三者の共生関係ということができます。

熱帯のアリ

ある時研究林を歩いていて、アリの巣に踏み込んでひどい目にあいました。森の中にアリは何時でも何処でもたくさんいますから、別に気にしないで歩いていたのですが、枯れ枝が少し溜まっているくらいの感じで踏み込んだら、そこがアリの巣でした。黒くて大きなアリが体中にたかってきます。あわてて手で払おうとしたら、手袋の上からガッチリ噛み付いて払うどころではありません。この時の私の服装は長袖、長ズボンで、顔も防虫ネットで覆っていましたから難を逃れましたが、危なくアリ地獄というところでした。

動物専門家のYさんが、鶏をおとりに、研究林の中の野生動物を写真に撮る仕掛けを作りました。翌日見たら繋いでおいた鶏は、アリに攻撃されて死んでしまうということがありました。アリが本気で襲ったら、大きな動物でもかなわないそうです。

アリの種類はどの位あるか知りませんが、シロアリの仲間だけでも熱帯に二千種いるといわれます。同じ属のアリで、巣に運び入れる餌を調べたところ、植物質の餌を運ぶ種類と、動物体や排泄物を好む種とがはっきり区別された報告があります。アリ全体の生理生態は想像もつかないほど複雑なものだと思われます。

熱帯雨林の地面は、強烈な太陽にさらされることも無く、強い雨に洗い流されることも無く、一年中適当な温度と湿度が保たれていて、すべての生物にとって好適な環境にあります。大量に落ちてくる落葉落枝を餌に、菌類や昆虫、小動物が大繁殖をして林床生態系を作り上げています。この中でアリは重要な役割を果たしていると見られます。

熱帯では、森の中だけではなく、街の住居の中でもアリの脅威はあります。台所に砂糖など置いたら、どうやって見つけるのだろうと感心するくらい必ずアリの侵入を受けます。プラスティック容器に穴を開けた凄い奴もいました。コンクリート、タイル貼りの台所に入ってくるのにも、コンクリートドリルのような歯を持ったアリがいるのでしょう。

研究センターのコンピュータが、日本では考えられないような故障をします。JICAではコンピュータの専門家を派遣して修理しましたが、エアコンが停電で止まるためコンピュータ内部に結露が生じて故障を起こすのではないかと考えて、電気系統を別け、発電機を備え停電しないようにしましたが、まだ故障します。私はコンピュータルームにまで出てくる小さなアリのせいではないかと技術者に言ってみましたが、まともに取り上げてくれませんでした。今でも黄色い小さなアリがコンピュータに入り込んで故障させるのだと思っています。

ツル植物

古い熱帯雨林の中ではツル類が多いのが目立ちます。昔、ターザンの映画で、ツルにつかまってジャングルの中を樹から樹へ飛び回るシーンがありました。

木本ツル類(lianas)の種類が多いのも熱帯雨林の特徴です。高木の幹に直接花がつく幹生花や木性シダ、巨大葉の草本植物など熱帯雨林の特徴を現すのに、シヌシア（生活形態）の多様性ということがあります。湿潤熱帯に適した膨大な植物種が、それぞれ固有の生活形を示しています。このうちのツル植物は人の暮らしにも関係する不思議な性質がありま す。

晴れ着を着たダヤク族の娘さん

ボルネオのダヤク族の人たちは、それぞれ独特な模様を持って衣装や壁面に描いていますが、ツル植物をかたどったものが多くあります。写真のダヤク族の娘さんたちが着ている晴れ着もダヤク模様です。森のなかで旺盛に繁茂し、縦横無尽に枝を伸ばし続けるツル類に、自然の驚異と畏敬の念を感じているといいます。ツル類から受ける恩恵にも感謝しながら模様化したのだと思います。娘さんたちの頭の上の飾りはサイチョウの羽です。ツル植物であらわしたジャングルの上を、優雅に飛ぶサイチョウで飾る見事なおしゃれです。

ヤシ科 *Calamus* 属のツル類は籐（ロタン）といって、丸太ほどの太いものから、ストローくらいの細いものまであります。同じ太さで長く、曲げても折れない性質は、編み物や織物に向いています。ロタンで作った家具や敷物は、外国で大変人気があり、インドネシアからの重要な輸出品になっています。

万能有用樹・ココヤシ

熱帯をイメージするのは何といってもココヤシの樹です。熱帯農業研究センターのロゴマークもココヤシです。「名も知らぬ　遠き島より　流れ寄る椰子の実一つ」（島崎藤村）と童謡に歌われたように、日本にも海流に乗って漂着します。カリマンタンへの入口の一つバリックパパンの空港は海岸にあります。空港から出ると、直ぐ向かい側に簡単な食堂小屋があって一息つけるようになっています。小屋の後ろの海岸にはココヤシが生えていて、鉈で飲み口を開いただけのヤシの実を売っています。はるばるたどり着いた海岸で、初めて飲んだココヤシ水は旅行者を喜ばせます。

ココヤシ水は、植物学的には胚乳液と呼ばれます。果実は、どの部分も大変有用で、皮から繊維、胚乳から油脂が取れます。

デザートとして人気のあるナタデココは、ココヤシ水を酢酸発酵させて作った、白い半透明ゼラチン状菌体繊維です。生乾きのコプラは野菜のような使い方をされます。細片状のコプラはケーキから焼き飯までいろいろな料理に使われ、市場で山にして売っています。胚乳から取れる油脂は、飽和脂肪酸であるラウリン系油脂で、融点が低いので、いろいろな食品に使われます。

樹液からはヤシ酒がつくられます。この酒はツゥバといわれ竹筒に入れてお祭りの時に振舞われます。

これだけ有用な樹ですからボルネオに限らず東南アジアの各地に広く植えられるようになりました。インドネシアでは、ボゴール植物園に母樹があって、この樹から各地にココヤシを広めたと説明板が立っています。

ココヤシは部落の生活のために必要な物を与えてくれるだけではなく、大規模に栽培して、油脂を加工する工場の原料として重要になりました。森林を切り開いて、プランテーションというヤシ植林地が増えて問題になっているところがあります。見渡す限りヤシ園というのは、地域の生態系を不安定にし、野生動植物が棲めない環境となります。ココヤシ樹の寿命も短く、早く更新しなければならないなど、経済的にも不利になります。ヤシ園を更新するのに、枯殺剤を幹に注入して、全部枯らしているプランテーションもあり、環境上問題になっていました。

近年、エネルギーにまでバイオ油脂が使われるようになり、植物油脂の需要が高くなっていますが、プランテーションによる大量生産には限界があることを考えなければいけないと思います。

海岸裾群落・マングローブ

マングローブというのは、海岸に近い湿地の森林のことをいいます。河口付近に広く分布しています。根から気根を出したり、樹上で発芽する胎生種子をつけるヒルギ科の植物が中心の森です。

ボルネオ島は古くはスンダランドというアジア大陸とつながる広大な陸地の一部でした。氷河期に海水面が後退して平坦な湿地ができました。この湿地に適応したマングローブ植物が繁茂しました。ふわふわどろどろの湿地でも立っていられるように、タコの足のような気根という根をたくさん出します。丁度膝を折り曲げたように根を張る樹もあります。葉も水でふやけないように表面が硬くなっています。このようなマングローブ林に、他の植物は入り込めませんでした。陸上動物も棲むことができません。テングザルだけはマングローブの硬い葉を食べて消化できる胃をもって樹上で生活していました。

マハカム川はサマリンダを過ぎてから、河口域に巨大な三角州をつくっています。そこには古く漁労先住民が住み着いて、独特な王国を作り上げていたと伝えられています。

JICAではバリ島でマングローブ林再生プロジェクトを行ったことがあります。観光客の多いバリ島で、景観保全が目的でしたが、マングローブの生理・生態が知られていなかったので苦労したそうです。樹から落ちたマングローブの実生は柔らかい干潟に突きささりますが、大きなカニのシオマネキのハサミで切取られていたそうです。干潟に出てくるシオマネキを防除することはできませんから困りものです。

ヒルがうようよ原生保存林——Kさんの紀行記事から

一九八六年一月一六・一七日、木材会社が伐採権を持つ森林地区に原生林を見に行きました。スピードボートでバリックパパン湾を北上し、ここに流れ込む川の一つを遡ること約四〇分、事務所、合板工場などがある Kenangau に着きます。ここには苗畑もあり、現在 *Acacia mangium* と *Eucalyptus deglupta* の苗が生産されつつあります。もちろん植栽のためで、この二種が選ばれたのは、いわゆる早生樹種であること、パルプ用材として需要が期待できることなどの理由によるようです。

見学目的地は事務所から四〇数㎞(自動車で約一時間)の所にある約三百haの保存林で、一部はかつて伐採活動が行われていたようですが、大部分は手付かずの原生林と言われています。保存林の三分の一程は、*Agathis* 属の樹木が優先する林とされており、実際、直径二mに達する大径木も見られました。樹冠層はほぼウッ閉しているので、林内は薄暗いもものの下草に悩まされることはありません。そのかわりこうした林につき物のヒルは沢山いて、歩いている時は勿論、ちょっと立ち止まりでもしたら足元からすぐ這い上がってきます。ヒルに取り付かれないための忌避剤もあるようですが、完全に防ぐことは難しく、時々点検する以外に有効な対抗策は無いようです。幸い筆者はやられませんでしたが、同行のインドネシア人スタッフの一人は、裸足のまま長靴を履いていたため、林を一巡する間に何箇所も血を吸われていました。別の一人は、いないと思ってそのまま事務所まで帰ってきたら、ウズラ大に太ったヤツが見つかり悔しがっていました。

伐採・搬出される熱帯材（撮影K記者）

保存林からさらに奥に入った所では、今でも盛んに伐採が行われているようで、大型のトレーラが砂煙を上げながら次々と下りてきます。大部分がメランティ（いわゆるラワン材の仲間）のようです。今回は時間が無くて伐採現場までは行けませんでしたが、次の機会にはぜひ訪れてみたいと思っています。

（ＡＫＯ記）

闇の世界——違法伐採問題

インドネシアの森林は全部国有地で、伐採権がないと伐ることができません。実際にはコンセッションマップ（伐採権地図）が全森林に張り巡らされており、勝手に伐採することはできません。しかし、かなり抜け道があるようで、違法伐採問題が熱帯雨林保全上の障害になっていると指摘されています。

近所に住む我が家のメイドのボーイフレンドのBに、仕事は何だと聞いたら、伐採夫だといいます。会社から与えられたチェンソーで大木を伐るのだそうです。伐採跡地に植林しないのかと聞いたところ、伐採だけだといいますから、いわゆる違法伐採会社だと思います。伐採権に基づく伐採では、伐採後の植林が義務付けられていますから、伐採後植林をしない会社は違法伐採会社と見てよいと思います。近所の若者は、自分が雇われている会社が、違法伐採をしているとは思ってもいないようでした。

違法伐採の実態を取材するために、日本から環境記者クラブのジャーナリストが、マハカム川の中流域に入りました。記者たちは、取材の帰りに熱帯降雨林研究センターに立ち寄り、いろいろ話を聞かせてくれました。違法伐採は組織的に行われており、バックには取り締まる側の役人や議員が関係していることがうかがわれるそうです。森に生活の基盤を置いている原住民にすれば生活の場を追われることにもなり、トラブルにもなりかねません。遠く離れた熱帯雨林の中で行われる違法伐採の深刻さに私たちも無力感を感じました。この時の取材はその後日本の新聞に、「インドネシア・カリマンタン島／熱帯雨林ルポ……とまらぬ違法伐採　高収入の魅力大きく　国の監視すり抜け」と題した新聞半ページのルポルタージュとして掲載されました。ルポ記事の最後は「……違法伐採をやめることは、当分できそうにない」と悲観的に結ばれていました。

山火事対策

エルニーニョによる大きな山火事のことはお話ししましたが、小さな山火事はしょっちゅう起こります。この地方で熱帯雨林保全のための最大の問題が、多発する山火事だということです。ＪＩＣＡの林業技術協力でも「山火事対策」があります。早期発見・消火技術・啓蒙活動・焼畑代替社会林業などいろいろな面から山火事対策を考えています。

山火事早期発見では、宇宙衛星からの映像情報を解析して、山火事の発生を直ぐに検出するシステムを導入しました。何処で山火事が発生したか見つけることはできたのですが、実際には山奥で山火事が起きてしまってからでは消すこともできないので困ります。山火事の原因は人為的なものですから、火事を起こさないようにするのが一番です。イラストで山火事の恐ろしさや、消し方を描いて啓蒙につとめましたが、盗伐や焼畑のために火をつけることまでは防げません。熱帯林と共生しながら地域で暮らしていけるような方法から考えなければいけません。

四. ボルネオの歴史から

ボルネオ島のヒトは人食い人種か

『クタイの歴史と現況』や『事典東南アジア』の中からボルネオ島の成り立ちと、ヒトの渡来について書かれているところを紹介します。

大陸移動説によれば、このあたりにはスンダランド（ボルネオを含む島嶼部）とサフルランド（オーストラリア、ニューギニア）と言われる大陸があったそうです。二万年前とか一五万年前の氷河期には、このあたりの海水面は一五〇mも低下したと考えられていま す。ボルネオ島周辺の海底は浅く、ジャワ島やスマトラ島も含めて、スンダランドとしてアジア大陸と陸続きになっていました。

ジャワ島のソロ川川岸段丘で、ジャワ原人（*Pithecanthropus modjokertensis*）の化石が見つかっています。アフリカで一〇〇万年前に進化した原人が、ユーラシア大陸を経て東南アジアのスンダランドにまで広がったと見ることができます。

ボルネオ島やパラワン島で四万年前頃の化石人骨が見つかっています。ホモ・サピエンスだといいますが、アフリカの新人化石とはずいぶん違うそうです。学者によっては、東南アジアで百万年かけて直立猿人から独自に進化したホモ・サピエンスだと言う人も居るそうです。私たちモンゴロイドの先祖かも知れないと興味が湧きます。

「クタイの歴史」によると、サラワクの洞窟で見つかった頭蓋骨の傷から、この人たちは人食い人種であったろうと推測されるそうです。食糧としてヒトを狩猟して食べたという推論です。

現生人のボルネオ島ダヤク族は人食い人種として恐れられていました。日本軍が占領した時期に、連合国軍よりも恐ろしい敵として見られており、日本軍はダヤク族を見つけ次第殺さないと自分達が殺されると考えていたと言います。タラカン島やバリックパパンが連合軍によって攻撃され、戦いに敗れた日本軍は、負けても内陸に入ってゲリラとして抵抗することはできなかったそうです。ゲリラ戦略は、その土地の住民に支持され、支援が無ければ成り立たない戦略です。日本軍のように現地住民を人食い人種と見て攻撃していた軍隊は玉砕するしかなかった運命にあったようです。

逆に日本軍に追われてボルネオ島奥地に逃げ込んだオランダ人は、ダヤク族に保護されたといいます。同じキリスト教徒として、人食い人種という偏見を持たなかったオランダ人は、ダヤク族に救われたのだと思います。日本統治下のボルネオ島奥地を旅行した作家の旅行記に、奥地で平穏に暮らしているオランダ人の話がありました。

遺跡の化石人は共食いやヒトを狩猟対象にしたのかもしれませんが、現代のダヤク族は人食い人種ではありません。闘った相手の勇気を称えて、戦死者の首を狩ることはあっても、日本兵を捕まえて食べることはなかったでしょう。ダヤク族を人食い人種としたのは、日本軍の妄想ですが、これも戦争の悲惨さの一面だと思

マハカム川中流域の町ロアジャナンに建つダヤク族の像

います。

スンダランドの先史人

先史時代のヒトの移動を探るのには、遺跡の発掘によることが多いのですが、スンダランドのように大部分が海底に沈んだ所ではなかなか見つからないのだと思います。ボルネオ島ではサラワクのニア洞窟遺跡（四万年前）のヒトが何処から来たのか、何処へ行ったのかまだわからないようです。アフリカを出たヒトは、アジア大陸を経て陸続きであったスンダランドに広がったとみられます。何回か繰り返しヒトの移動があったことでしょう。その中からモンゴロイドのプロト・マレーといわれる人々がボルネオに住むようになったのでしょう。さらにインドや中国から移動してくる人たちがいて、現在のマレーシア人やインドネシア人になったのだと思います。

さらにスンダランドから出たモンゴロイドが、オーストラリア、ニュージーランド、マダガスカル、ポリネシアの人々の先祖になっているのではないでしょうか。

ボルネオ島にも長い年代をかけて繰り返しヒトが移動して来たと思われます。アジア大陸から南下してきたと思われますが、何処から来てどうなったかは不明です。ヒトと文化の移動と伝播は、遺跡や遺物、言語などによって解析されていますが、ボルネオには有力な民族や文化の痕跡が見つかっていないようです。中国・ベトナム・インド・ジャワなどの古代文化から遠い辺境の地であったようです。

戦時下のボルネオ先住民との交流

太平洋戦争の時に日本軍はボルネオ島に侵攻しました。この時に軍報道班員として作家が徴用されて紀行文を書いています。これによって当時の状況をたどって見ましょう。

里村欣三「河の民（オラン・スンガイ）」は一九四二年十月〜十一月にサンダカンからキナバタンガン川を奥地へと旅行をした紀行文です。里村欣三は数奇な人生を送った人です。著者紹介から辿ってみると、一九〇二年岡山に生まれましたが、一九一七年に文学と社会主義に関心を示し、家出をして放浪生活をします。一九二二年徴兵検査甲種合格で岡山に入隊して直ぐに水死を装い脱走して大連に渡ります。二年後帰国し、関東大震災で身寄りを亡くしたと称して、文学活動を再開します。左翼作家に対する弾圧から、自ら最前線に従軍するようになり、軍報道班員として活躍します。ボルネオ紀行も占領下のボルネオの実状を探る目的で志願しますが、実際にはこの機会にボルネオ奥地の少数民族の生活を知る人間探訪の旅としたのではないでしょうか。

「河の民」にはキナバタンガン流域に住む人々の様子が偏見無く描かれています。イギリスに替わる支配者としての日本軍の威光をひけらかす態度ではなく、同じ人間として、奥地の人たちの暮らしを見つめているのがうかがえます。栄養状態や病気についても心から心配しています。ただ持参した医薬品は正露丸、アスピリン、メンタム程度で、訪れた部落でにわか医者として、救えない患者がいることは残念だったことと思われます。

里村が訪れた頃の北ボルネオは、イギリス統治時代に開発が進んだ所でした。自然林を伐採してゴム園やヤシ園の経営が始まっていましたが、原住民の為の農場は未開発でした。里村は商品作物を生産するだけでなく原住民の食料を生産する農場開発を進めるべきではないかと言う意見を持っていました。しかし、「水田を作って稲を植えれば沢山取れる」と話したら、「食べきれないほど作ってどうする」と相手にされなかったそうです。人間の本質的な生産と暮らしについて考えさせられたのではないでしょうか。

日本統治の早い時期からボルネオにも警察制度が取り入れられたようで、キナバタンガン川の奥地にまで駐在所が置かれ、巡査（マタマタ）が配備されている様子が書かれています。広大な占領地に派遣される巡査の数は多かったと思われますが、原住民に反発される悪代官のような巡査もいれば、良き統率者として慕われる巡査も居たようです。

国策によりボルネオ殖産農場が進出してきた時の話が伝えられています。経験の無い熱帯での大規模農場経営に欠かせない技術者をめぐって、オランダの農場と軋轢が生じ、若い日本人担当者が割腹自殺をして抗議した逸話が紹介されています。農場経営も命がけの困難な状況にあったのだと思いました。

この当時の自然の状態もこの紀行文から伺えます。奥地への遡行の舟は櫂と棹で人力によらねばならず大変であったようです。ここでも里村は原住人の力と使命感の強さを賞賛しています。野生動物も豊富で、ワニやゾウをはじめバンテン（牛）、バビ（豚）、シカ類、サル類、野鳥類が沢山出てきます。

里村欣三と一緒に軍報道班員として北ボルネオに派遣された堺誠一郎は「キナバルの民――北ボルネオ紀行」を出しています。良心的なジャーナリストらしく、困難な時代にもかかわらず当時の人々の暮らしと自然を見事に描き出しています。巻末に共に報道班員として徴用された井伏鱒二が〝「キナバルの民」の作者のこと〟と題する解説を書いています。この時徴用された報道班員は四四〇名にものぼるそうで、当時の軍の情報活動への意気込みがうかがえます。

堺誠一郎は一緒に派遣された里村欣三とミリで別れて、ジュッセルトン（現コタキナバル）からキナバル山麓の山道を馬でまわるコースをとりました。山岳地帯にはドウスン族が住んでいましたが、まったくの秘境で探検旅行でもあったようです。今では観光地として人気のあるポーリン温泉に入りながら、「孫の時代には飛行機で簡単に来られるようになるのかな」と感慨を述べる場面があります。この旅から一年後にはコタキナバルで抗日反乱が起こりました。一九四五年六月に連合軍が北ボルネオに上陸し、サンダカンから敗走した日本軍は、キナバル山麓で壊滅する「死の行進」といわれる大惨事になります。その直前の堺紀行文からは想像もできない末路でした。この二冊の紀行文は、ほんの一時でも戦争に関わらない平和な旅を楽しみ、キナバルの民の真実に触れることができたことを示しており幸いであったと思います。ボルネオ山岳少数民族は決して野蛮な未開民族ではなく、高い文明を持った心豊かで勤勉な人びとであったことが記録として残されています。

七〇年近く経った現在では、人びとの暮らしも、自然の状態も大きく変わりました。歴史を逆戻りすることはできませんが、歴史を知って現在に生かすことはできます。ゾウやワニ、オランウータンを絶滅させない「開発」を考えるのは歴史を知っている人間にしかできないことだと思います。

五. ライフ・イン・サマリンダ

結婚式あれこれ

結婚式はどこでも明るく楽しい話題です。伝統的な結婚式は見ているだけでも美しく楽しいものです。派遣期間の二年間に六回も結婚式に招待されました。

結婚―：最も話題になったのは、州知事ご子息の結婚式でした。花婿はカリマンタンからアメリカに留学中ですが、留学先で知り合った沖縄出身の日本女性を花嫁として連れて

スラマタンで祝福を受ける

帰りました。ご両親は国際結婚にびっくりし、はじめは反対したそうですが、彼の言うことには「金髪女性ではあるまいし、同じアジア人でどこが違う」…ほんとに会ってみたらインドネシア人と全く変わらないのに両親は二度ビックリしたそうです。かくして当地方始まって以来という二千人が集まる大結婚式になりました。披露宴客二千人は一堂に会するというわけではなく、広場に三棟の大きなテントが張られ、ご馳走が皿に山盛りになっているテーブルを回って、自分で皿から取って食べることがお祝いなのです。一日かかってお

祝いに訪れた人が延二千人ということになります。

結婚式の儀式は、出身地の東ジャワ地方の伝統にそって行われます。あらかじめ典型的な東ジャワの結婚式の式次第を記録したビデオがあるので、日本の両親に見てもらおうということになり、日本に留学経験のあるイリヤスさんが日本語に訳すため相談に来られました。そのビデオから式次第と動作の意味を挙げたのが表です。これによると母系社会の名残なのか、花嫁の両親が儀式の重要な役割を果たすことになっています。そこで動作の意味を私とイリヤスさんとで問答形式で解説することにしました。「卵を踏み潰しましたが、これにはどんな意味があるのですか？」『子孫繁栄を願う意味があります』……これらを整理したのが次表です。どの儀式も重要な意味を持っており、現代でも通用する大事な人生の道筋を示していると思いました。

プログラム	動作	意味
バランガン・ガンタル・シリ	花嫁・花婿がキンマの葉を投げ合う	キンマの葉は妖怪の魔術を解くので、妖怪が化けていても本性を現す効果がある

ウィジ・ダディ	花嫁が卵を足で踏み潰す	卵を割ることで、子孫繁栄を願う意味がある。花婿は良き父親になることを宣言する
スンケム	花嫁が花婿の前にひざまずき手を合わせる。お互いに指輪を交換して座る	指輪を交換することでお互いの愛を誓いあう。
シンドール・ビニャング	花嫁の父に促されて二人は手を合わせる。そこに花嫁の母が肩掛けを掛ける	父は幸福への展望を示し、母はそのための心構えや気配りを諭す
ティンバング	花嫁の父の膝の上に二人が乗る。母は父にどちらが重いか尋ねる。父はどちらも同じように重いと答える	花嫁の父は娘の夫を実子同様に愛していると宣言し、これからは夫婦対等であることを示す
タネム	花嫁の父は二人を台座に導き座らせる	両親は二人を夫婦として認知し、祝福する
トンポコヨ・オル・カチャル・クチュル	花婿が花嫁の膝の上に、米と豆を振りかける	夫は収入のすべてを妻に差し出すことを約束する
ダハール・クンブル	花嫁・花婿はお互いに食べ物を食べさせ合う	富も幸福も総て家族で分かち合うことを示す

ムルトイ	花嫁の両親は、花婿の両親に儀式に加わるように促す	**花婿の両親が、花嫁を認知し祝福する**
スンケム&ンガベクテン	花嫁・花婿は双方の両親の前にひざまずき、手を合わせて忠誠を誓う	**二人がこれからの生活において両親への変わらぬ敬意と感謝を示す**

結婚二：家の近所でも結婚式がありました。メイドの話だと花嫁はまだ小学生だといいます。私はアルバムをお祝い品に持参して結婚式の家に行きました。その家は窓にガラスも無く、電気も水道も無いこの辺りでは普通の貧しい家です。近所、友人の精一杯の手作り結婚式で、晴れ着姿の花嫁・花婿が、飾り付けをした居間に座っていました。とても小学生とは見えませんでしたが、歳は一五歳くらいだろうとのことでした。お二人に合掌してお祝いをすると勝手口から横の広場に出ます。広場ではお祝いのシラットという武術の組み手が延々と一日続いています。一見するとカセットテープの音楽に合わせた踊りのようですが、頃合いを見てエイヤッと組み手が始まります。二、三手空手のような型が示されると、後はパッと離れて、それぞれ阿波踊りのような踊り（?）を披露しています。回りは人だかりがしていますが、単調なパフォーマンスの繰り返しで、よく退屈しないで続

けられるなと思いながら退散しました。

結婚三：我が家にも時々遊びに来ていたメイドの従姉の結婚式に呼ばれました。大柄美人の彼女のお相手は合板工場の電気技師だそうで、美男子でした。モダンガールの彼女には、純白のウェディングドレスがよく似合っています。「花婿がネクタイを締められないからトアン（旦那）手伝ってくれ」といわれ控え室に行くと、誰もネクタイを締めたことが無いのでどうしたらよいか困っていたところだといいます。バテックシャツがフォーマルスタイルのインドネシアでは、中流家庭でもこういうことがあるのですね。

結婚四：私が仲人？をした結婚式もあります。近所の家でジャワ島から主人の弟が出稼ぎに来て居候をしていました。あるとき居候の弟さんの恋人がジャワ島からやってきました。聞けば妊娠していて不安になったので後を追ってきたそう

モダンガールの結婚式

です。「サマリンダで良い職を見つけたら直ぐ呼び寄せるから」と約束したのに、不景気で思うようにならなかったのでしょう。若い二人をいたわって兄夫婦と近所の人で、自宅で結婚式を挙げることになりました。「イスラム導師は知り合いがいるが、立会人が必要だからトアンに頼む」と言われ、言葉は不自由だが、義を見てせざるは何とか…とばかりに引き受けました。導師が何を言っているのかさっぱり判りません。ただしきりに「ナントカカントカ、リマリブルピア！」と念を押しているようです。後でこっそり意味を聞いてみたら「離婚したら五千ルピア払うのだぞよ！」と念を押す結婚式の決まり文句だそうです。宗教的な誓いの言葉かと思ったら、きわめて即物的な宣言にボルネオを感じました。

スラマタン——宗教事情

インドネシア建国の誓い「パンチャシラ」では、すべての国民は神への信仰心を持つべしと信仰の大事なことと信教の自由を定めています。圧倒的に多いのはイスラムで国民の八七・一%を占めます。キリスト教はプロテスタント・カトリック合わせて八・八%、ヒンズー教二・〇%、仏教〇・九%です。

地域的な偏りも大きく、バリ島は九三%がヒンズー教なのに対し、スマトラ島アチェは九八%がイスラム教です。ボルネオ島内陸部にはオランダが布教したキリスト教徒の少数民族が居ます。国際的な木材の街サマリンダにはキリスト教も仏教もヒンズー教も盛んです。石油の街バリックパパンには盛大にクリスマスを祝うことで有名なキリスト教会があります。

七世紀初めに創始したイスラム教は、十三世紀頃インドネシアに渡来したそうです。イスラムを指導原理とする王国が次々と誕生し、ボルネオ島でもクタイ王朝が十五世紀末にイスラム化されました。メッカから遠く離れた民衆のイスラム信仰は、土着の精霊信仰やイスラム以前のヒンズー教の影響を残していると言われます。一日五回の礼拝や断食もあまり厳密には守られていません。

スラマタンの様子

アラビヤと人も自然も違う熱帯雨林の人たちは、自分達に合うやり方でイスラム教徒となったのではないでしょうか。

サマリンダでの生活の節目にはスラマタンという宴会がつき物です。元は宗教的な儀式かと思われますが、私たちには宗教とは関係の無いコンパのように思えました。スラマットと言うのは安寧を意味する言葉です。挨拶の決まり文句で、スラマットパギ(おはよう)スラマットジャラン（さようなら）などと使われます。よろず安寧を願う気持ちをあらわした宴会をスラマタンというようです。普通はコーランの一節を唱和し、掌をかざしてお祈りをささげます。それから宴会に入りますが、イスラムでは酒は飲みませんから、ソフトドリンクやお茶でご馳走を食べます。私たち異教徒もお祈り抜きでよくスラマタンを開きました。誕生会、歓送迎会、何でも理由をつけてはスラマタンです。ライフ・イン・サマリンダの潤滑油で、安寧を保障しました。

ゴミ処理が課題——環境問題

ムラワルマン大学で日本留学希望者の選考面接が行われました。選ばれたのは「環境問題を勉強してサマリンダをきれいな街にする」と主張した学生でした。環境問題といってもいろいろな課題が考えられますが、ここではゴミ処理問題が一番の緊急課題だと思われています。確かに街はゴミで溢れかえっています。郊外にゴミ捨て場はあるのですが近寄ることもためらわれるほどひどい状況です。川に面した水上家屋では、し尿を含むすべてのゴミが川に落とされます。その川水で水浴・洗濯・炊事をするのですから、気にしたら暮らしていけません。環境問題とはゴミ処理問題だと目をつけた学生は先見の明があったというべきでしょう。日本で環境問題と言えば、温暖化を始めとする地球環境問題と捉えられるのと大きな違いがあります。

チブスなんか怖くない――病院事情

熱帯で暮らしていて一番の心配は病気です。何種類か予防注射を受けてきましたが、どんな病気が待ち構えているのかわかりません。

メイドが病気になったことがありました。非常に苦しがったので普通の腹痛ではないと思い、病院に運びました。診断は、何と伝染病の腸チブスです。日本なら隔離されて、家は消毒で大騒ぎになるところですが、患者は入院どころか、もう治ったと普通にしています。「部屋で寝ていろ」といってもききません。症状を見る限り、腸チブスもたいしたこと無いなと思いましたが、インドネシア人は耐性があるのでこの程度で済んでいるだけで、日本人がかかっ

たら40℃以上の高熱と腹痛・嘔吐・下痢で死ぬほどの苦しみが十日も続くと言います。逆性石鹸で家中消毒して歩きましたが、チブス患者と同居しているのですから、チブス菌は何処にでもいると思っていなければなりません。サマリンダでは病院に入院すると一等病室一日一万二千ルピアの費用がかかるそうです。チブス菌の方で避けてくれないかと祈るような気持ちでした。

六．マハカム川を上流へ

サマリンダからバトウアンパ

サマリンダから北北西に直線距離にしたら百四〇㎞のところにバトウアンパというところがあります。林学部の学生実習があるというので参加しました。くねくねと曲がったマハカム川を遡るので、実際の距離は三百㎞以上だそうです。早朝にサマリンダを出航しても、バトウアンパに着くのは翌日の夕方だといいます。

一月五日、日本だったらまだ正月休みなのにとぼやきながら、朝八時サマリンダ港に引率教官三名と学生四五人が集合です。出航してから三時間でクタイ王朝時代の王都テンガロンに着きました。サマリンダ・テンガロン間は陸路自動車で一時間かかりませんから、だいぶゆっくりした旅になりそうです。

テンガロンで昼食を取ったあと、さらに三時間走るとスブルです。スブルには住友林業が入っていたので、一九八三年山火事以前の森林の様子が調べられていて、山火事の影響を調べる調査地として注目されています。

それから二時間でスノニというところに着いて夕食です。此処の食堂（ワルン）は川の中に太い丸太を並べたプラットフォームに家が建っています。大きな船が通ると波で食堂が揺れますが、食べるのに不都合というほどの揺れではありません。五時三〇分にスノニを出発すると、川は右に左に大きく蛇行し始めます。夕陽が左から右にと移っていくのが面白く、しばらくは熱帯の雄大な川と森の景色を楽しんでいましたが、南の太陽はつるべ落とし…高緯度のようにゆっくりと薄暮を楽しむ時間はありません。あっという間に暗くなってしまいました。熱帯の森に入ったら、余裕を持って明るいうちに帰って来いと注意されたことを思い出しました。まだ明るいと思っているうちに急に真っ暗になって帰り道を失うのだそうです。

河岸に広がるカポック林

川岸にカポック（パンヤ科セイバ）の特徴ある樹形のシルエットが現れました。ブヌア・ポホン（樹のある大地）というところで、カンポン（部落）があるとみえて、電気の光が見えます。大きなパラボラアンテナがあってテレビに人だかりしているのが船から見えます。ビデオを見るためだけに、電気を大型発電機で起こしているのだそうです。文明はテレビから、という原始的な社会を見て複雑な感じを持ちました。しかし、ボルネオの奥地で他に必要な電気製品は何だろうと考えたら、テレビ以外に思いつきませんでした。

真っ暗な中を船のエンジン音だけが響き渡ります。船からサーチライトを川岸に向けて照らし、位置を確認しながら操縦していますが、船ごと暗闇に吸い込まれそうな怖さを感じます。船内ではドミノという一から六まで●印のついたカードの数字合わせ遊びで退屈を紛らわせていましたが、それにも飽きたのか、みんな静かに眠りに着いたようです。

夜中、寝ている間も船は走り続けて、六日明るくなったらスニョールだそうです。マハカム川の支流の一つクダンクパラ川に入っています。昨日暗くなったブナポホンから一二時間暗い中を走り続けたことになります。此処で朝食を取ります。

両岸の土手がやけに高く見えます。水面から二m以上赤土の土肌が見えますから、渇水で普段よりよほど水位が下がっているのでしょう。朝食後走り始めた船の周りに、バンガオという白く大きな水鳥がたくさん飛び交うようになりました。二〜三羽ずつ踊っているように舞っているのは優雅で美しいものです。川岸にカポック（*Ceiba pentandra*）の樹が多くなると、近くに部落がある証拠だそうで、まもなくオカボ畑やバナナ園があらわれ、そのうちに人家が見えてきます。少し大きな部落だなと思ったらムアラ・アンチョロンというところです。ムアラというのは河口という意味で支流の入り口でもあります。税関役所が有って、通行証を出している所ですが、川の水位が下がって立派な埠頭に船を近づけることができないでいました。

支流に入って四五分でムアラ・ベンカルでした。船長の家は此処にあるのだそうです。このあたり川が網の目のように、分かれたり合流したり複雑な水路です。船員が、「普通はこちらの川を行くが、今は渇水でこちらの川を使う」とか、「こちらの川を行くと滝がある」とか説明をしてくれますが、よほど慣れていないと網の目水路のコース取りは難しそうです。

ベラウィットには大きな木材会社があるそうで、川岸に大きな土場があり、そこから丸太が川に投げ込まれて、水中貯木場になっています。このあたりは随分木が切られているようでした。

川岸まで森林があるところでは、船からサルが良く見えるようになりました。樹の上から群れで、船が通るのを珍しそうに眺めています。川原でも何匹も遊んでいるようでした。

バトウアンパに着いたのは、もう暗くなった夕方六時二〇分でした。今日は遅いので、晩飯を食べたらまた船に戻って宿泊して、明日実習地に行きます。

それにしても、この長い船旅の間、景色が殆ど変わらないのに驚きました。どこまで行っても、茶色い川の水面と川岸のまばらな二次林が続きました。

バトウアンパ〜ムアラワハウ

バトウアンパでの学生実習に二日間同行した後、次はさらに上流のムアラワハウにアグロフォレストリー（混農林業）のプロジェクト・サイトがあるので、そこまで遡行することになりました。今度は苗木満載の船に同乗です。

このプロジェクトはトランス・マイグレーション（国内移住計画）で、ジャワ島の土地無し農民をカリマンタンに移住させ開拓しようというものです。ムラワルマン大学林学部ムタキン先生は、この開拓地の中に林業をどう取り入れるか研究しています。サマリンダから有用樹種の苗木五千本を用意してきました。これを開拓地に植えてどんな樹種が適しているか試験する計画です。

このところ雨が降らないので、川の水が少なくて、土付ポット苗をたくさん積んだ船は、バトウアンパまで浅瀬で立ち往生して大変だったようです。これから先はもっと浅いところがあるので、航行が難しいと、船長は別の船でコースの下見に出かけました。戻ってきて夕方四時頃、行けるところまで行くといって出航しました。しかし、一時間も走ったところで、急流になり、岩場が現われました。船はゴツンゴツンと鈍い音を立てて岩をこすっています。そのうち前に進まなくなり、何回も前進・後退を繰り返します。このままではこの岩場は乗り越えられません。

船長は若い者に命じて積荷を船尾のほうに移動させます。私たちも手伝いますが、それくらいのことで通れ

急流で座礁した船をロープで引く

る浅瀬ではないようです。三〇分くらいも悪戦苦闘した末、戦術を変え、岸からロープで引っ張ってみようということになりました。全員岸に降りてロープで船を引っ張りました。ぬかるみにはまった自動車を引っ張り出すように、何とか船を浅瀬から動かすことができ

ました。しかし、先に行った船に乗るまでが大変でした。急流に面し切り立った岩場を、サルのように越えていかなければなりません。急流に落ちたら最後です。やっとの思いで船にたどり着いたら、手をすりむいたり、足を怪我したり、みんなへとへとでした。もう真っ暗でこれ以上船を動かすのは危険なので此処に停泊することになりました。ヤシの葉に包まれた大きなお握り弁当ナシ・ブンクスが配られました。これを食べたら回りは真っ暗なので寝るしかありません。星が恐いほど輝いていました。満天の星が落ちてくるようです。空にこれ程おびただしい星があるとは！　星空に感動です。

翌朝は六時半に出発しました。昨日とは打って変わって静かな航行でした。ロングノーランというあたりにBelibis hitamという大型の水鳥がいます。カモの仲間だといいますが、大きさはツルほどで、hitam（黒）と名前についている通り全身真っ黒です。派手な色の鳥が多い中で、この鳥が川岸の森の中からゆっくりと飛び立つ様子は神秘的・幻想的な感じです。

朝食は八時、ロングスガルという部落です。この部落は戸数も多く、古く落ち着いた感じでした。川岸に細長い小屋があって、二〇mはあろうかという大きな丸木船が収められていました。丸木船の横にはきれいなダヤク模様が描かれているので、お祭りや儀式に使われるのでしょう。盛装をしたダヤク族の若者たちが、この大きな丸木船を漕ぎ出したら豪快だろうなと思いました。今では大きな観光ツアーが来たときに、請われればご披露することもあるとのことでした。

昼にバトウルディというところに着きました。ここはバトウアンパの木材会社G・Pの上流側の事務所があるところだといいます。昨日の夕方から、今日の昼まで走り続けて、まだ同じ会社の領地内だというのですから、広い領地です。大きな貯木場や製材工場もあって、会社の城下町という雰囲気でした。

一六時二〇分に別な木材会社ムラトス東カリマンタン社に着きました。このあたりの土地はすべて木材会社の伐採権（コンセッション）によって区分されていますから、社有地ということなのでしょうが、この森で暮らしていたダヤク族の人たちからすれば、侵入者ということになります。その葛藤は川を旅行するものにはわかりませんが、心に留めなければならない問題だと思いました。

異常渇水でここから先は大きな船では行かれないことが分かりました。あと一時間で目的地ムアラワハウだというのに残念です。積荷も小さな船に積み替えて、明日出発ということになりました。

翌朝クチンチンという船外機着き小舟に分乗してムアラワハウに向かいました。途中大きな中州があって、浅瀬が続くところがあり、これでは大きな船は通れないと納得しました。

やっとたどり着いたというムアラワハウですが、目的の開拓地はここからさらに陸路七km奥地だそうです。開拓移民はジャワ島からバリックパパン・サマリンダを経て四日目に開拓地に入ることになります。こんなに遠くに来てしまえば、帰ろうにも帰れない所といえるのではないでしょうか。それでも、移民たちの定着率は悪く、殆どがジャワ島に舞い戻ったという場所もあるそうです。

ムアラワハウ〜サマリンダ

ムアラワハウで開拓移住地の植樹試験を終わって、帰りはサマリンダまで、普通客船のカルテカ2号による船旅です。くだりは早いのかと思ったら、あちこち商売に寄るので、同じように長い船旅になりました。まず、船員の皆さんを紹介しましょう。

サムリ

カルテカ2号の船長、五〇歳。ハジの称号を持つ。ムアラブンガルの出身。白髪混じりでおっとりしているが、身のこなしは軽い。かなり手広く商売をしている大人（オラン・ブッサール）。

ウスマン

ハジ・サムリの息子、二六歳。あごひげに金のネックレスが似合う伊達男。精悍な面構え。歌がうまい。船長の後継者として、すでに十分な経験を積んでいる。

ザイムディン

二五歳。独特の叫び声で合図する聾唖船員。船長の信望厚く、難しい夜の操舵を任される。言葉は不自由だが、表情が大変に豊かで、人とのコミュニケーションには困らない。

サイプ

助平で陽気な一九歳。停泊地ではめかしこんで何処かへ消える。小柄ながら筋骨隆々の力持ちで、荷揚げの時は頼もしい存在。似顔絵を描くといったら櫛で髪の毛を整えるナイーブな面も。

イスミッド

まだ声変わりしていない少年船員、一五歳。長い髪の毛をお下げに束ねると女の子のようになる。黄色い声でキャアキャア陽気に騒ぎながら、船の雑用を小まめにこなす船内の人気者。

この五人のクルーと共に二泊三日の船旅を紹介します。何よりも気持ちが良かったのは、船員全員が和気あいあいチームワーク良く、楽しんで仕事をしていることでした。

ザイムディンは、真っ暗なジャングルの中の川で、ライトを両岸と川面にぐるぐる回して照らしながら安全に船を操縦していました。みんな寝込んでいる夜中に一人真剣な表情で舵を取る聾唖青年の顔は美しくさえありました。イスミッド少年のかいがいしく働く様子は、心和むものがありました。一五歳といえばまだ遊びたい年頃、日本では学校の先生や親も手こずる魔の一五歳――反抗期のさかりという時期でしょうが、イスミッドの愛嬌の良いこと、人に気持ちよく接してサービスする優しさ、骨身惜しまぬ身のこなし…大人になる前の一時期に輝く、こんな素晴らしい年頃もあったのかと感傷にひたります。この気持ちそのままに素晴しい大人になって欲しいな、イスミッド！

ハジ船長の商売上手なこと、とにかく売り買いの回転が早いのです。仕入れた品物は、すぐ次のカンポン（部落）で売りさばいています。どこで買って、どこで売るのか、すっかり頭の中に入っているようです。この二日間で取り扱った品物は一八品目に上ります。基本的にはサマリンダから持ってきた生活必需品を売り、その土地の生産物を買い入れる取引が多いようですが、米やウリン屋根葺き板のように、地方でも流通するものは、途中でどんどん商売をします。これぞ動くマハカム商社というところです。

動くマハカム商社取り扱い品目

米、大豆、食用油、砂糖、ジュース、ビール、タバコ、クッキー、バナナ、マンゴー、魚燻製、ビニール、ロタン織物、チェンソーの刃、ドラム缶、マット、麻袋、ヘビの皮

米は精白してあり、一kg四百ルピア(約百円)、大豆は一kg五百ルピア、ウリン屋根葺き板百枚一把二千ルピアが買い入れ価格です。米は全部袋を開けて、品質を確かめ、重量を測って、全体で五百kgぐらい仕入れました。

買い入れたヘビの皮

ヘビの皮は、ロングスカルで、一枚五千ルピアで仕入れました。船長が一枚一枚傷は無いか点検し、大きさを測って買いました。ウラル・サワーというヘビで、皮は幅二〇cm、長さ二m二〇～四〇cmぐらいです。ロングスカルにはヘビ取り名人がいて、この人に睨まれたらヘビは動けなくなるそうですが、どうやって捕まえるのかは企業秘密で他人にはわからないといいます。たまにトカゲの皮も出るそうです。ダヤク族は狩猟民族だったので、今でも狩猟で生計を立てている人が多いようです。

船の屋根の上で見張りをしていたイスムが、突然大きな声で怒鳴りました。「ブアヤ！ブアヤ！（ワニだ！）」私もあわてて
カメラを持って屋根の上に登り、指差すほうを見つめました。もう夕方で薄暗く、はっきりとは確認できませんでしたが、ワニのような動物が川岸にいます。船が通り過ぎるまでの間の短い時間でだまされたのですが、本当はワニではないようで、オオトカゲだろうと後で反省しました。そのときは初めて見る動物ですから、これが内陸の川に棲むワニか、と写真に撮れなかったのを残念に思いました。見た印象が、暗闇の中でも白っぽい灰色の体色と、一m位とあまり大きくなかったのでやはりワニではなかったのだろうと思います。船員たちはブアヤだと信じているようで、しばらくワニ談義が続きました。

ワニは普通は昼間暑いときに川岸で休んでいるのを見かけるといいます。ワニを捕まえるときには、前足の付け根のところに急所があって、その急所をうまく押さえるとワニは暴れなくなるということです。どこまで信用できる話かわかりませんが…ワニ皮は高く売れるので密猟があるのかもしれません。マハカム川の渡船場の店でワニのペニスだと言って、二股になった棒状の干物を売っていました。精力剤として人気があるようです。先が

二股になったペニスを使って、ワニはどうやって目的を達するのだろうと皆で笑って見過ごしましたが、売店で売っているくらいですから、サイの角（毛の変化したもの）同様生薬目的での密猟もかなりあるのではないかと推察されます。

丸木舟の製作現場

帰りの船旅では、カンポンに着くたびに商売をしながら行くので、停船するたびに上陸できて、あたりを見物しました。ロングノーランにあるダヤク模様を壁面いっぱいに描いた大きな建物は、東カリマンタン州最大の舞踊場だといいます。ムアラアンチョロンにも同じような舞踊場があって、此処では事前に依頼しておくと、豪壮なダヤクダンスのパフォーマンスが見られるそうです。

鉈一丁で大きな丸木船を造っている現場も見学

しました。高床住宅の下は豚の飼育場になっていて、上屋の人間のトイレの下では、ブタが落ちてくるモノを争って食べていたり、耳たぶの穴に金輪をたくさん付けて長くのばした女性が何人も居たり、ここは別世界だなと感じるものがあります。カルティカ2号はヨーロッパからの観光客をマハカム川ツアーに案内することもあるそうですが、プリミティブな人たちの生活・習慣・風俗が珍しいからといって観光の対象にするのには抵抗があります。しかし、奥地の人たちが現代を生きていくのに、伝統的な芸能などを観光客に披露して、喜ばれた結果として収入につながるとしたら、それは奥地の人たちの生業の一つとして認められるものかもしれません。インドネシアでも、バリ島やスラウェシ・トラジャ地方では観光と地方の伝統的生き方が結びついているようです。ボルネオでもマレーシア側ではガイドや旅行社がしっかりと対応して伝統的生活が観光目的になっているといいます。要は現地の人たちの主体性の問題で、見られる存在ではなく、見せる立場が保証されていれば、誇りを持って観光客と接しられるのではないでしょうか。

日本でも素朴な田園的生活が心の癒しになると憧れる人たちが増えたようで、マハカム川ツアーも人気が出るのかもしれません。

大学生が見た東カリマンタン

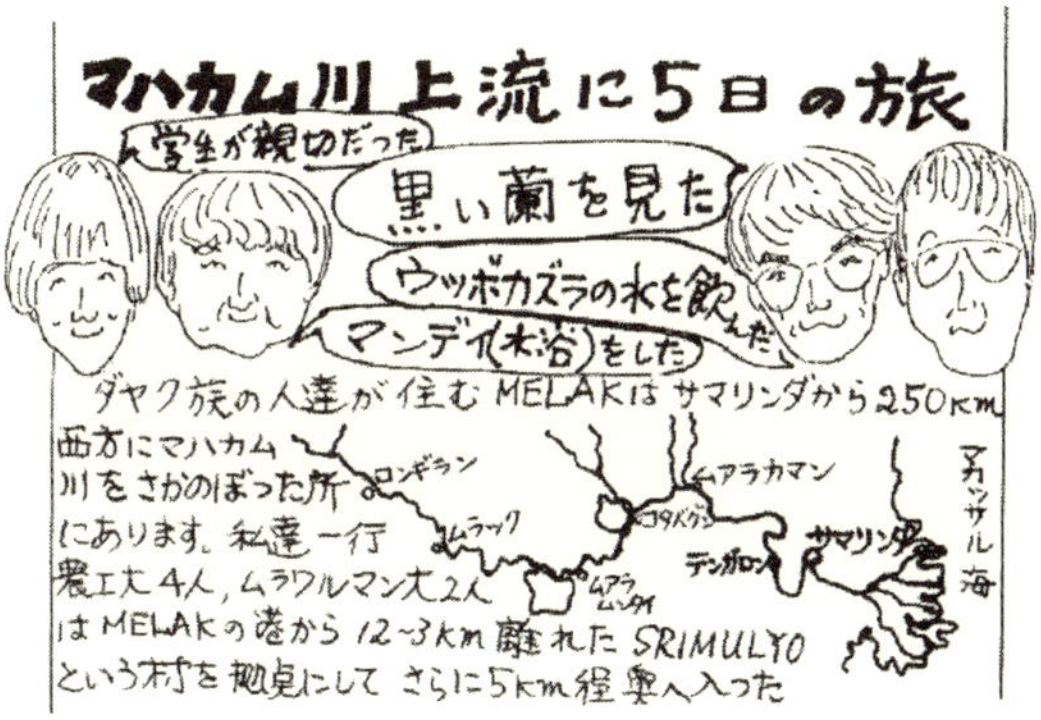

日本から学生さんが何人か熱帯降雨林研究センターを訪問しました。コーランウータン社では特派員として探訪記を書いてもらいました。若い人たちの印象が良く書けていると思いますのでそのまま転載します。

マハカム川上流に五日の旅

ダヤク族の人たちが住むムラックは、サマリンダからに西方二五〇km遡った所です。私たち一行六名はN大学三年生四名と案内のムラワルマン大学生二名です。船でムラックの港まで行き、港から奥地に一二～三kmの道を自動車でスリムリョウというところを拠点としました。さらに五㎞ほど奥に行ったクルシックルワイという保護区に案内してもらいました。この保護区は石英砂質土にクランガス植生という特殊な植生が生えている所です。

保護区入口には保護官がいて「ここでは写真撮影禁止だ」と言います。珍しい植物の写真を撮るのを楽しみにして来たのに、私たちはがっくりと肩を落としました。園内に入ると地面の色が急に変わりました。あたりいちめん白い砂に覆われています。はじめて見る異様な景色に、百聞は一見にしかずです。雪のような真っ白い砂と低木類の鮮やかな萌黄色のコントラストに見とれました。遠くには一九八二〜八三年の山火事で枯れた幹だけの木々が連なって見えます。

乾いた空気と強い日差し、それを照り返す白い砂、はじめて見るクランガス植生のなかをただボーッとしながら、ザクザクと歩き回りました。

低木の間に隠れているランの花が出るたびに、保護官が指差して示してくれます。野生ランの花は小さいけれど可愛らしくそして力強いものでした。

幸運にも幻の花と言われるブラックオーキッド（黒い蘭）に出合いました。草高一五㎝、花は五㎝ほどの大きさです。花弁は薄黄緑色、唇弁に黒い模様があります。この地方の固有種だといいます。

突然、保護官が「写真を撮れ」といいます。『あれ⁉ 禁止じゃないの?』「接写はいい」とのこと。よく訳のわからぬまま記念写真を何枚か撮りました。

クランガス植生の指標植物であるウツボカズラがところどころにあります。この花は蓋付きコップの形をしているので、みんなで〝トラディショナル・カップ〟と名づけ、蓋のしまっているものを開けて中の水を飲みました。水はごく普通の味で、渇いたのどを潤してくれました。

二時間ほど歩き回り、事務所に戻りました。ここまでランを見に来たわけですが、回りの七〜八mの低木林と、白い特殊土壌の景観に満足の私たちでした。

最初の三日の予定が五日に延びて、JICAの先生方に「……ワニに食われた……」と噂されましたが、なんの! ハードな日程を毎日楽しくクリヤーしていましたよ!

私たちにとって、ここスリムリヨ村での記念すべきイベントは、何といっても屋外マンディ(風呂)でした。村には二箇所のマンディ場があり、どちらも村はずれで歩いて一〇分くらいです。「マンディに行こう」と言われて後をついて行くと、野を越え、山を越え最終的に谷に下りると、そこにはきれいな水が湧いています。

夕食の時刻が近づくと、親子連れでにぎわいます。三本の竹筒から出る水をフルに使って、お風呂と洗濯と米とぎをしています。村の社交場でもあり、ここに来てやっと服を着たままマンディする意味がわかりました。

服に石鹸をつけゴシゴシ体を洗うのは妙な感じですが、服の下洗いにもなりますし、結構気持ちのよいものでした。何といっても外の空気の中で、みんなでワイワイ、キャアキャアとマンディするのは精神衛生にも良いと思われます。ただ帰りは暗くて道に迷いました。

(A・T記者)

七．開拓移民トランスミグラシ（移住計画）

熱帯にアグロフォレストリーを見る

日本から熱帯アグロフォレストリー調査団が来て、一緒にマハカム川中流域のコタバグンで行われているドイツの地域開発プロジェクト試験地を見に行きました。

次ページの写真のように五種類を植えた農林混合農地がありました。トランスマイグレーション・モデル農家でした。右からキャッサバ（右下に葉だけ見えている食用）、カポック（直立高木、未熟果食用、綿毛、樹脂、材有用、庇陰樹）、ランブータン（潅木状、果物）、セタリア（イネ科エノコログサ属飼料）、ヤシ（油脂）です。セタリアの後作にはイネ、豆類、イモ類、トウモロコシなど耕種作物が入ります。ランブータンの苗木が大きくなるまでの間は、同じような畑作物を樹下栽培して自給と販売を考えているようです。高木樹種

五種類を植えた混合農地

もカポックの他にナンカ（ジャックフルーツ）、ドリアンなどの果樹や、アカシア、ネムノキなどの肥培樹が取り入れられています。このほか共用畑として薬用植物園が作られているのに感心しました。奥地に開かれた開拓地では病気が心配です。原住民の知恵で数々の薬用植物が知られているそうで、薬用植物園は見本展示と同時に病気になった時には直ぐ使える安心感を開拓民に与えているようです。ボルネオ奥地へのジャワ過密地からの移民は、棄民政策だと非難されることもありましたが、ドイツチームのモデル開拓地は入植者の生活と収入がバランスよく考えられているという印象を持ちました。ただ見学した農家はモデル地域のキーファーマーとして、手厚く指導されている試験段階なので、実際の移住村ではいろいろな障害が待ち受けていると思います。湿地に水田を作ろうという計画は破綻したと聞きました。熱帯雨林地帯に焼畑以外の農業を定着させることはまだ困難だと思えました。

ムアラワハウのトランスミグラシ

ジャワ・スラバヤから一九八五年一二月に入植して三週間目という人たちを訪問しました。百二〇家族四百二三人の年齢構成を図に示しました。入植募集条件が四〇歳以下の既婚者ですから、男性25～30歳、女性20～30歳、子どもは5歳未満が大半という構成になっています。15～20歳男子が女子より多いのは、働き手として男の兄弟を連れて入植した家族が多かったと見られます。社会的には若年家族に偏った集団で、調和ある地域社会となるのには住民間の工夫が必要だと見られます。

訪問した一軒の農家の庭先に、大きなお腹を抱えながら畑を耕している女性がいました。

来月出産予定だといいます。「気をつけなさいよハティハティヤ」と声をかけたら、急に心配そうな表情になりました。無理もありません、二〇歳の女性が周りに年寄もいない僻地で、初めてのお産を迎える心細さはいかほどでしょう。この開拓地には将来診療所の計画はあるものの、今は肥料倉庫になっているそうです。インドネシアは人口抑制政策をすすめており、入植者選考調査票に、夫婦がどんな避妊法をとっているかという項目があるそうです。入植者の半数近くが何らかの避妊法を実行しているとの調査結果が公表されています。開拓地での出産は役所では考えていないのかもしれません。

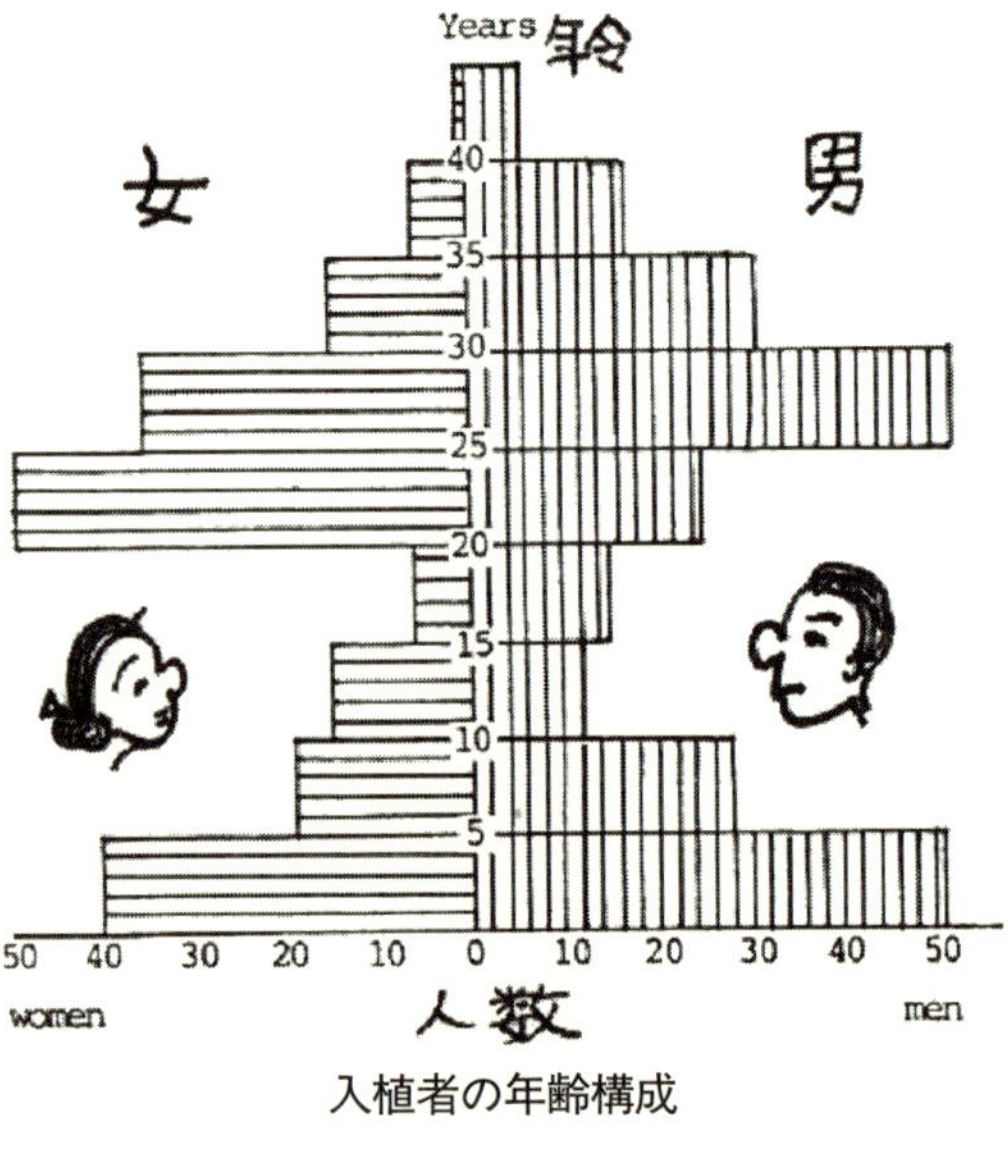

入植者の年齢構成

調査結果から入植者集団の特徴を見てみましょう。学歴は高校卒三名、中学卒五名の他は全員小学校卒でした。集団には5～15歳層が75人いますから、学校教育は欠かせません。前歴調査では、木工一五人、石工一一人、自転車修理工二人、工芸品製作七人となっています。出身地ジャワ東部の農家二・三男の就労状況がわかるような気がします。

開拓農家の住宅・農地

政府が進めるボルネオ移住計画は、私的な入植農家よりは恵まれています。住宅は次ページ図のような間取りの36㎡の家が建てられていました。中を見せてもらいましたが、まったく家具の無い家で、寝室にベッドも無く、台所に竈もありませんでした。私はサマリンダ空港で軍用機にすしづめで運ばれてきた開拓民の人たちを見たことがあります。これから奥地の開拓地に向かうと言うのにろくな荷物も持たずに、まさに難民集団という感じでした。暑い所ですから布団や着物も要らないのかもしれませんが、着いた開拓地には店などありませんから、これからしばらくは着たきり雀、焚き火で炊事する以外ないのでしょう。

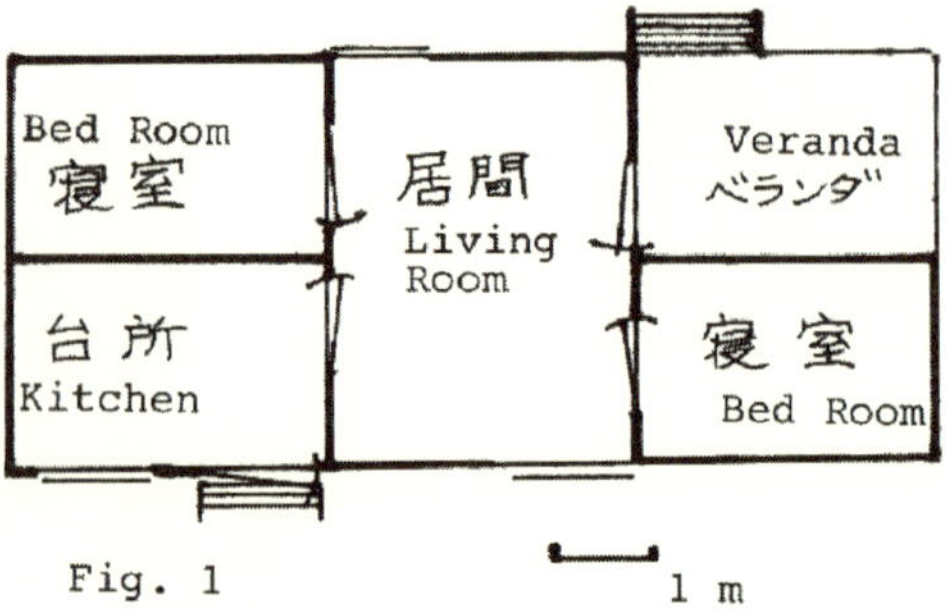

Fig. 1
政府が用意したトランスミグラシ住宅

農地は一戸当たり3・25ha用意されています。うち2haはヤシ園で残りの土地に米、豆類、トウモロコシ、キャッサバなどを作り、自給と販売をする計画になっています。ヤシ園は、苗・肥料・農薬はヤシ園公社負担、植え付けも一人一日二千ルピア（五百円）の日当が出ます。二〜三年後収穫できるようになったら、収穫物の一〇%は公社に納める契約だそうです。

ヤシの植栽密度はha当り一四三本、ヤシ一本から年間五〇個の果実が採れるとして、一haで六千個の収穫が見込めます。ヤシ実一個百ルピアとして二haで一二〇万ルピアですが、コプラ生産は世界的に不況なのと、ココヤシ樹の寿命が短いので先行き不透明です。

多様な生物相が特徴の熱帯雨林地帯では、単一作物のプランテーションは博打のようなもので、ムアラワハウの開拓地がココヤシを主幹作物としているのは心配されます。若い開拓民がリスクを負わないように願うばかりです。

私が訪れた所は、サマリンダ南方約二〇㎞にあるキロラバンという部落で、戸数三〇戸

開拓農家を訪ねて——学生記者の記事

トランスミグラシ住宅とその家族

ほどの小さな開拓地です。案内はキロラバンに知り合いがいるという高畑専門家のメイド・スヤテイに頼みました。

バリックパパン－サマリンダ間の幹線道路から、キロラバンの近くを通る新しい道路が造られています。私が行ったときには二車線の大きな道路ができていましたが、ブルドーザで削っただけの赤土の道路でした。その道路から枝分かれした細い道路の両側に高床式の簡単な家が並んでいました。小さな雑貨店が二軒もありました。

最初に訪問した家では、入るといきなりまだ籾の付いた稲穂の山と、穂からはずした籾の山が積まれているのに驚きました。二つの山の間にはガチョウの雛が鳴いています。家の他の角には椅子やテーブルが置かれていて、清潔で掃除が行き届いています。稲わらのほのかな香りの他は何も匂いません。家には二〇代半ばの主人と、四歳と二歳の子どもがいました。熱いお茶をいただきながら自己紹介をして、耕地を見たいという希望をたどたどしいインドネシア語で言うと、さっそく案内してくれました。

耕地は細長い村を取り巻くように広がっていました。そして村の直ぐ周りの平地には田圃があり、その外側の丘陵地は畑で、コショウ（ムリチャ）とサトウキビが植えてありました。

田圃は正確に一〇ｍ×一〇ｍの方形に区切られていました。かんがい用水路には豊かな水量がありました。畦畔にはトウガラシやジュルック、バナナ、クローブの木などが植えられています。水田には収穫期のもち米（クタン）と出穂期前のうるち（パディ）があり、大体三対一くらいの比率のように思われました。里芋や蓮根が植えられている田圃もありました。田圃は全部で五枚ありました。

次に訪問した家は、村でも一番奥にある丘陵地の麓にありました。案内してくれたスヤティの親類だそうです。家の中はティカルというござの様な敷物が敷かれ清潔な感じでした。木でできた壁や床は隙間が多く、風がよく入って涼しいのですが、夜は蚊が多いだろうと思われました。

家には三つの部屋があり、奥に台所、入口近くに居間兼寝室があり、中間の部屋には赤ん坊用のハンモックがありました。家族は六人、四三歳の主人と奥さん、子どもは三人で一三歳の女の子、七歳の男の子、一歳の赤ん坊。それに主人の弟一八歳です。隣の家に三二歳の弟夫婦と子ども二人の家族がいます。入植したのは一九八〇年で今年六年目になるそうです。

弟一家もまじえて賑やかに話していると、もう片方の隣の家の人も顔を出しました。私がインドネシア語で挨拶すると、その人はキョトンとした顔をしています。横から家の主人が「この人はインドネシア語が通じない」と身振りで示しました。東カリマンタンのナガパック族で部族語しかしゃべれないそうです。湯冷ましの水と、熱くて甘いお茶、ラカタンという塩味のおはぎのようなもの、サトウキビなど、沢山出していただきました。

耕地は水田が二〜三haはありそうです。コショウ畑が五〜六aあります。コショウは一kg五千五百ルピア（約千円）だといいますから重要な現金収入源になっていると思います。稲刈りには図のような道具アニアニを使います。人差し指と中指のあいだの刃で、穂だけ刈り取り家に運びます。籾は足で踏んだり指でしごいたりして外します。

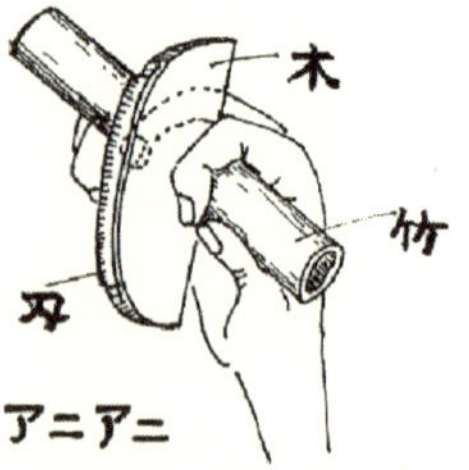

昼飯を勧められて一緒に食べましたが、献立はおそらく私を気遣ってだと思いますが、ご飯と魚の缶詰とマシュパルミというインスタントラーメンでした。このラーメンは、日本のインスタン

川は唯一の交通手段

ト食品と味も形状もまったく同じで区別できませんでした。お礼に食事代に十分と思われるお金を出して受け取ってもらい帰途に着きました。

ここの土は赤く見るからに貧相です。歴史的にも焼畑でしか農耕が成立しなかった土地です。はたしてそのような土地でこのような定着農業が成功するのか、ところどころにある休耕田や雑草に覆われた田圃を見ながら、私は不安を感じつつ村を後にしました。

（K記者・H大学農学部）

ムンチマイ民族博物館

ムンチマイ民族博物館

マハカム川中流域のムンチマイに日本のライオンズクラブの援助で建てられた博物館があります。特に観光コースにあるわけではなく、お客が集まるとは思えないのですが、この地でどんな暮らしをしていたかが分かるような素晴しい展示でした。過剰なエネルギーを消費し、公害に悩まされている先進国から来たツーリストに、ゼロエミッションの暮らし方を示しているようで、強いメッセージ性のある博物館になっています。

この博物館で、彫刻を施した木板が多く展示されているのに気が付きました。単なる装飾板か、何か使い方があるのか聞いたところ、部族争いが盛んな頃に、床下に忍び込んだ敵の槍襲撃を防ぐ防御板だということです。高床式の住居では床下から槍で突かれて命を落すことがあるようで、硬い木を座布団のように敷いて防御するのだそうです。なんとも物騒な話ですが、今では独特な彫刻が人気を呼んで、観光客の格好な土産品として喜ばれているのだそうです。

八．トラジャ紀行

スラウェシ島はボルネオ島から近いのですが、スンダ陸塊に属していない海洋島です。生物地理的に、ボルネオ島とスラウェシ島の間は、ウォーレス線で区分されています。独特の形をした島は、殆ど山地地形で、複雑な人種構成をしています。家屋・文化・風習など此処でしか見られない変わったものが多く、旅行者に新鮮な驚きと感銘を与えています。なかでも中部山岳地帯のトラジャ地方は観光客に人気のある場所となっています。

トラジャ地方を旅行するのには、ウジュンパンダンからパレパレを経てランテパオとマカレーを訪問するコースが一般的だとジャカルタの旅行社で教えてもらいました。ジャカルタから予約したとおりジープもホテルも万全でしたから、多くの外国人旅行者が利用しているようでした。

スラウェシ島の玄関口ウジュンパンダンは〝見晴らし岬〟というような意味ですが、元はマカッサルと言われていました。スラウェシ島北東端のメナドと共に早くから交易の要衝として栄えたところだそうです。ボルネオにはない洒落た港街という雰囲気があります。夕陽に染まる海岸通りは絶景です。

トラジャは山国です。しかし此処の特徴ある家は船型だといいます。トンコナンと呼ばれる大きな舟型の屋根を持つ家は、よく見れば陸に上がった船とも言えそうです。大昔海洋民族であったトラジャ族の人たちは、海に浮

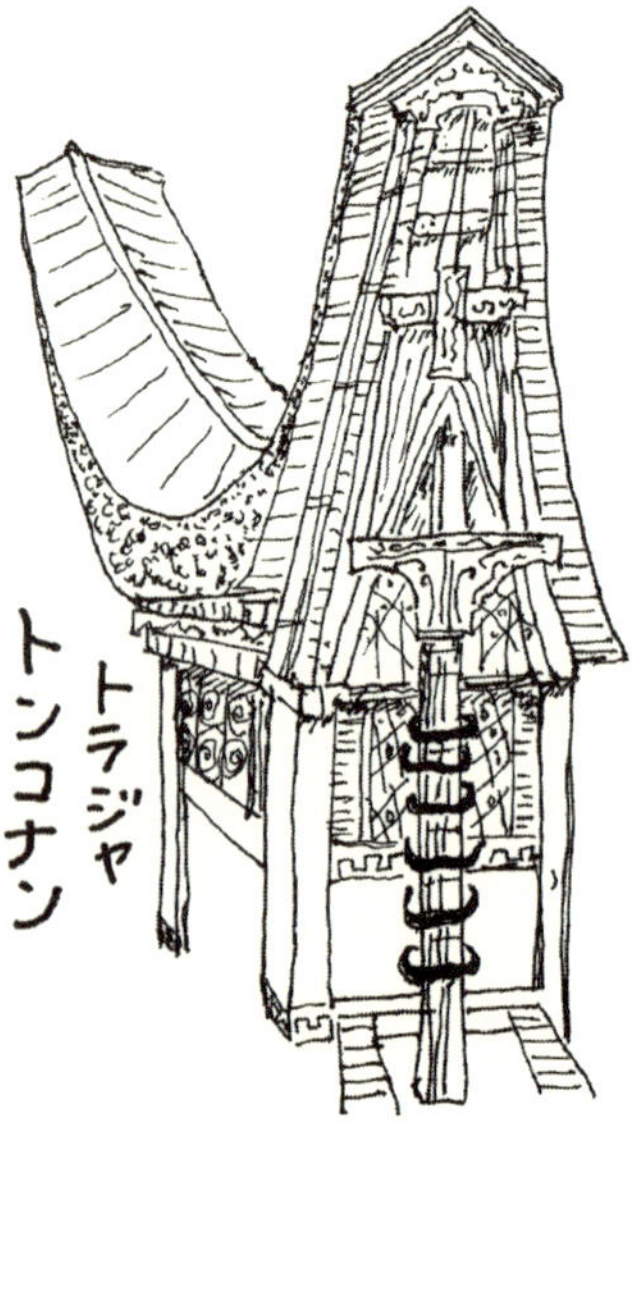

かぶ船を懐かしんでこのような家を建てるようになったとも言われます。現代の住宅の概念からすれば、機能的で無く装飾だけの家のように見えますが、トンコナンの立ち並ぶ家並みは壮観です。日本でも萱葺屋根の宿場街が保存されて観光資源になっていますが、トラジャのトンコナンは世界遺産級の観光地になっています。

トラジャの崖にある墓地

トラジャの人々は死者を手厚く弔います。岩山が墓になっていて棺が崖に掛けられていたり、祠にしゃれこうべがたくさんあったりして観光客を驚かせます。死者をかたどった等身大の木彫りの人形が崖の中腹に並んでいる、タウタウというお墓もあります。生きていた時の様子そのままに並んでいる人形を見ると、今でも先祖さまが見守っていると言う気持ちになります。

近くの村でお葬式があるというので、宿の少年に案内してもらい参列させてもらいました。途中でいけにえにするブタを竹竿にぶら提げた一行に会いました。長い竹筒にヤシ酒を入れて運んでいる人もいます。皆陽気な感じでお祭りに集まる雰囲気でした。会場は広い敷地に仮設の小屋が何棟も建っていて、宿の少年はその内の一棟に案内してくれました。竹で桟敷のように区切られていて、親類・縁者や地域の人たちがそれぞれの桟敷に陣取っています。葬式のセレモニーは別棟で行われ三々五々礼拝しては、桟敷に戻って飲んだり食べたりします。水牛やブタが何頭も屠殺されました。

九．東南アジア最高峰キナバル山

キナバル山登山

ボルネオ島北部キナバル山（四一〇一m）は東南アジアで最も高い山です。インドネシアとしてはイリアンジャヤ・ジャヤナ峰（五〇三〇m）がありますが、そこは東南アジアではありません。

　キナバル山に登るのには、マレーシア・サバ州の首都コタキナバルから九〇㎞の公園管理事務所に登録します。公園事務所で入園料を払い、ガイドとポーターを雇います。ガイドは公認のガイドを伴わなければ入園できない規則になっているそうです。私たちが頼んだシンディという名前のガイドは、山岳少数民族カダザン族の出身でした。たいへん有能なガイドで、ツアー客の体力に合わせた登山ペース配分は適切で、自然解説の知識も豊富でした。天気を見る眼も確かで、間もなく雨が降りそうだから雨具を出すようにと指示をしたら、本当に直ぐ雨になりました。

キナバル山

　標高三二八〇ｍ付近に山小屋があり、食事も宿泊もできます。水力発電で電気が供給され、水も豊富で水洗トイレやシャワーも使えます。排水は浄化槽を通しているそうです。山小屋までの登山道には適当な間隔で休憩所があり、水のみ場とトイレが付いていました。このトイレも水洗で浄化槽があるとのことでした。

登山客が出すゴミは公園事務所まで持ち帰ることが原則です。ガイドから最初に注意があり、違反するとガイドの責任になるのだそうです。山小屋のゴミも専任のポーターが登山口まで運んでいます。

野生生物の採取・捕獲・餌付けも禁止されています。パンフレットやビデオでも登山客に注意を呼びかけていますが、ガイドからも規則を守るように指示がありました。

キナバル山は北緯六度の熱帯域にあって、標高四一〇一mの高山なので、高度によって生物の分布が異なるいわゆる垂直分布がよく観察できる場所です。

登山口付近は下部山地林地帯で、ブナ科、フトモモ科、オトギリソウ科、ナンヨウスギ科などに、ヘゴ科、ヤシ科の植物が混じる種多様性の高い森林です。

標高一九〇〇~二七〇〇mで急傾斜のところは上部山地林です。種類数は少なくなり、樹高も低くなりますが、密度は高い森林です。林床にランやウツボカズラ、シャクナゲ、ベゴニア、インパチェンスなど美しい花が見られます。

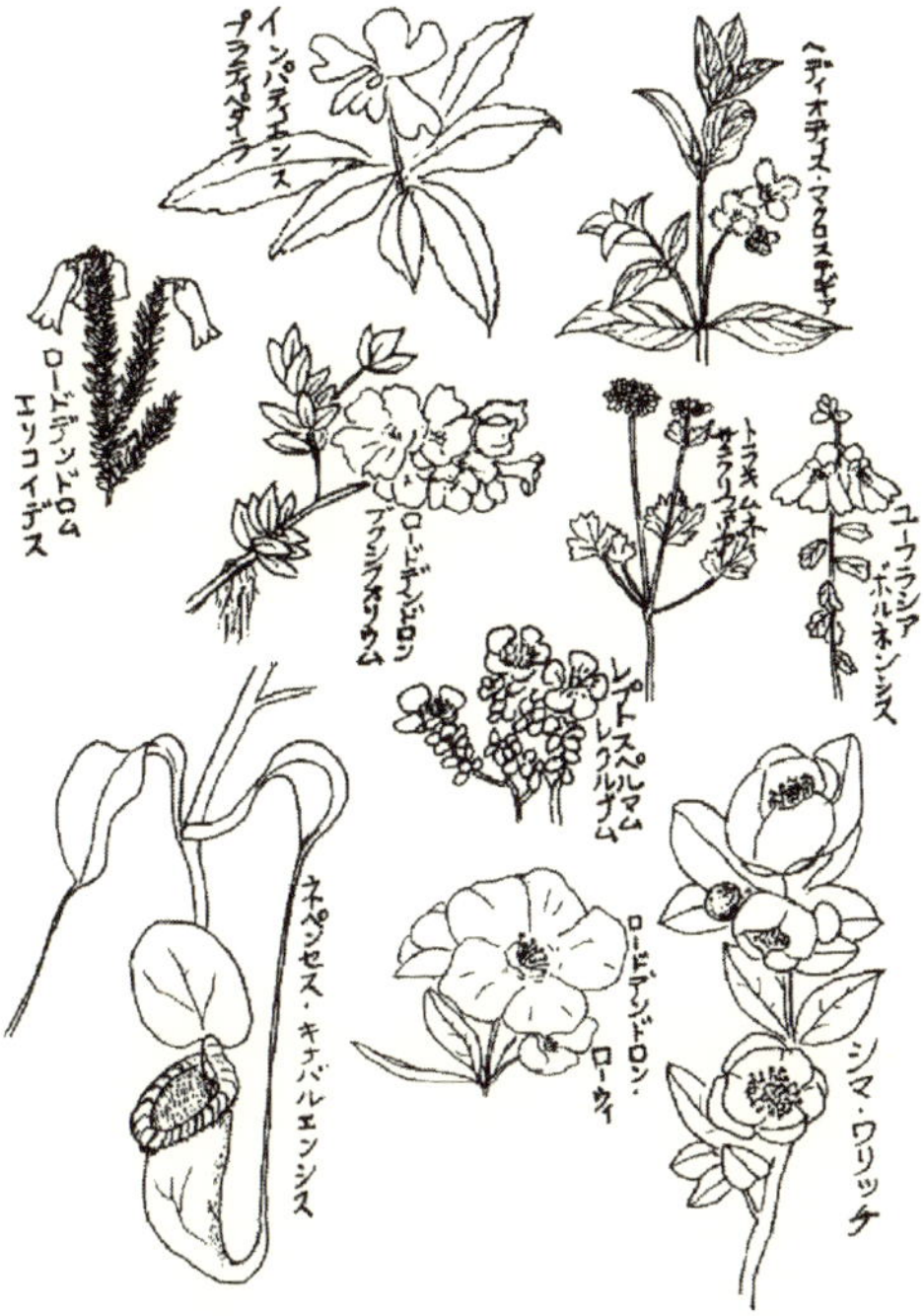

標高が二七〇〇mを越えて超塩基性岩地帯になると、レプトスペルナム・レクルブム（フトモモ科ネズモドキ）の梅のような白い花が目立ってきれいです。三〇〇〇〜三八〇〇mは花崗岩質の堆積地で、シマ・ワリッチ（ヒメツバキ）が大きく美しい花を咲かせています。シャクナゲも種類が多く、エリコイデス、ローウィ、ブクシフォリウムなど色も形も多彩で楽しめます。

標高三二〇〇m以上は花崗岩質の一枚岩の岩盤で、岩の割れ目に沿って矮性の高山植物が点在するパナール・ラバン植生といわれる特異な景観になります。下では低木であったネズモドキが、ここではクッション状に岩に張り付いています。

花崗岩の頂上付近は雨が降ると岩肌を大量の水が流れるので危険です。赤道直下の高山ですから、時々驟雨に見舞われます。私たちは登頂後ロッジにたどり着いた所で山頂部がスコールに覆われた状況を見ました。巨大な岩一面が滝のように水が流れ落ちる珍しい景色になりました。こんな気象のせいで一枚岩の割れ目に高山植物が生えることができるのでしょう。

キナバル国立公園にはポーリン温泉という保養施設があって、登山で疲れた体を休めるのに良い所となっています。山に登らない人たちも森林浴ができるように、キャノピートレイル（樹冠探索路）があって楽しめます。公園入口には植物園があって勉強することもできます。宿泊施設では毎晩キナバルの自然についてのスライドショーが開かれています。

キナバルはカダザン族という山岳少数民族の居住地でした。キナバル山の知識や体力に優れているので、ガイドやポーター、ロッジ・売店・食堂などの職員として自然公園を支えています。自然公園の仕事は、周辺地域のプランテーション農業労賃よりも報酬が高いので、地域の人たちに歓迎されています。私たちを案内したガイドのシンディも大変よく勉強しており、勤勉・誠実・有能なガイドでした。

標高三二〇〇ｍのところにパナラバンロッジがあって泊まれます。電気も引かれていて設備の良い宿泊施設ですが、標高が高いので頭痛・吐気など高山病の兆候が出る恐れもあります。高山病は若くて元気の良い人でも出ることがあります。兆候が出たら無理をしないようにしましょう。

セピロク・オランウータン・リハビリセンター

サンダカンの南二三㎞にセピロク・オランウータン・リハビリセンターがあります。ＪＩＣＡでいろいろ援助をして、国際的にも活動が評価されているところです。密輸や事故から保護したオランウータンを、森林に戻すための訓練施設です。

オランウータンの保護のためには、広大な熱帯雨林の保全が一番必要ですが、そのためには社会的世論の支えが必要です。リハビリセンターでは自然保護啓蒙普及に力をいれていて、ビジターセンターが充実しています。

遊歩道を歩いているとオランウータンの子どもが近くに居ます。ガイドからオランウータンに会っても目を合わせないようにと注意がありましたので、知らん顔をして横を通り過ぎました。リハビリセンターでは将来オランウータンを人間の居ない自然の森に帰す計画です。それでもこれだけ人間に囲まれて集団ペットのように育つと、人間の影響は避けられないでしょう。見学当日は、丁度イスラム教のハリ・ラヤと中国の春節が重なるダブル正月とのことで、特別大賑わいでしたが、普及教育とオランウータンの野生化との兼ね合いが難しいと感じました。

森の中にある給餌場は観光客が見学できます。オランウータンの餌をブタオザルの群れが奪いに来ました。観光客は珍しいショーでも見ているように歓声を上げて喜んでいましたが、リハビリセンターに於けるブタオザルの餌場への侵入は深刻な問題だと思いました。オランウータンへの必要悪の給餌が、ブタオザルとの競合を引き起こして、野生ではありえない大騒動になっているのです。ブタオザルは残飯目当てに人間居住地の周辺で増えているそうですから、野生動物管理の面からも給餌を考え直す必要があると思います。

リハビリセンターにはスマトラサイやアジアゾウも居るそうですが、残念ながら一頭づつしか居ないそうです。これでは避難場所というだけで、増殖をはかることも、野生に戻すこともできない状況のようです。

セピロク・リハビリセンターの面積は四二〇〇haです。大型哺乳動物の野生化を考えるには狭すぎます。ボルネオ島南部半島部に設定されたタンジュンプティ国立公園（インドネシア・中央カリマンタン州）は三〇万四千haの広さがあります。ここにキャンプ・リーキィという百頭規模のオランウータン・リハビリ施設があります。クタイ国立公園（東カリマンタン州）も二〇万haあります。サンダカンに近く、後背地を持たないセピロクは、リハビリをしながら啓蒙普及活動を重点にする施設だと思いました。

オランウータンの給餌場

スカウ保護林

サンダカンから一一〇㎞南にキナバタンガン川流域野生生物サンクチュアリがあります。ブルネイのスルタン直轄領であったこの地帯を、一九世紀後半にイギリスが保護地としたそうです。原生的自然が残されている所として貴重だと思います。

スカウ保護林には、七種類の霊長類をはじめ、アジアゾウ、バンテン(ウシ科)、スマトラサイ、シカ、ヒゲブタ、カワウソ、オオトカゲ、二種類のワニなどの大型動物と、三〇〇種もの野鳥、二七種約二〇〇万頭というコウモリ類が生息しています。学術的にも貴重な保護林として、世界中の研究者が注目しています。日本からも動物生活戦略研究グループ(日高敏隆代表)が研究フィールドとしており、数々の業績を上げています。

一九九二年に北海道からバードウォッチングに行った時には、まだスカウにロッジはなく、キャンプをしながらのウォッチングだったそうです。その頃、地元の青年たちがロッジをつくる活動をしていたといいます。今ではボルネオ・エコグループの名の下に、数十戸のロッジが川沿いに建つ盛況ぶりです。マレーシアのテレビコマーシャルに、スカウのロッジが出てきたので、秘境のイメージにそぐわないと感じた程です。

私たちが宿泊したレインフォレスト・ロッジは、看板にエコツーリズム・スペシャリストと掲げていました。自然と調和する宿泊施設をめざし、川岸から五〇m以上離して建物を建てました。野生動物にとって水辺環境を乱さない配慮が必要だと強調していました。エネルギー源は太陽で、発電と温水をまかなっています。飲み水は豊富な雨水を、一五〇〇ℓ八基のタンクに貯めて使っています。トイレやシャワーの水は、川の水をろ過しただけで使います。排水は浄化槽を通して川に出されます。ゴミはサンダカンまで舟と車で運び出すことになっています。

ロッジの部屋にクーラーやテレビはありません。発電量が少ないことも理由の一つですが、なによりも余計なところにエネルギーを使わずに、ありのままの自然を感じて欲しいとのコンセプトで設計されています。窓は防虫網を張った開閉式になっており、涼しい風と森の動物たちの声が自由に入ってきます。ここではクーラーやテレビは邪魔なものです。

夜の人工光は森の動物たちには迷惑なものでしょうから、外灯はありません。ロッジの

テングザルの群

周辺の道を示す印に、料理後の廃油のランプが低い位置に置かれていました。ランプのわずかな灯火は幻想的で野趣味あふれる雰囲気をつくり出していました。

スカウ保護林の自然観察プログラムは充実しています。アジアゾウ、オランウータン、ウミガメ産卵ウォッチングなど多彩ですが、最も人気のあるコースは、キナバタンガン川の支流と途中の沼を観察用ボートで巡るプログラムです。川沿いにテングザルの群れと、バードウォッチングを楽しめます。

長い尾をたらしてテングザルが何匹も木の上に居ました。ボートの人間は警戒されないのか、直ぐ近くに行っても逃げません。逆に私たちの方を興味深そうに眺めています。どちらがウォッチングされているのか、お互いに首をめぐらせて見つめあっている状態です。

野生動物の表情まで見られるのは、ボート・ウォッチングの魅力でしょう。テングザルファミリーも「アレガニンゲンダヨ」と子ザルに教えているのではないでしょうか。

鳥も鳴き声だけではなく、たくさん姿を見せてくれました。美しい羽のカワセミが、目の前の枝に止まっている所を通り過ぎました。双眼鏡なしにこんなにはっきり見られるのは感激です。いくら感激しても「ワーッ」とか「キャー」とか言うのは厳禁です。ボート・ウォッチングは船べりをたたく波の音しか許されないのです。ガイドは森の中の音を聞き分けて、ささやくように解説をしています。

十．湧き上がる雲の下で出会った人々

カリマンタンの先達・服部清兵衛さんに伺う（一九八五年十二月二一日）

人間四〇歳を過ぎたら年の経つのは早いものですな……気が付けば私が「カリマンタン

服部清兵衛さん

の先達」というわけですか……熱帯林にかかわって、もう二十年以上経ちますからね。

私の生い立ちからお話しましょう。私は、北海道十勝の屯田兵の三世です。だから開拓者精神が旺盛なのだと自分でも思っています。帯広中学（現柏葉高校）から東京高等農林（現東京農工大学）に進学しました。林科の同級生には治山の中野秀章（信州大教授）や樹病の佐藤邦彦（林業試験場）など勉強家がいて影響を受けました。でも今では皆現役を退いて淋しくなりました。

学校を出てから林野庁に入りました。あちこちの営林署長をしているうちに、東京オリンピックの年一九六四年に、北海道出身の開拓者精神を見込まれたのか、カリマンタン森林開発協力プロジェクトを手伝えという話が来ました。国有林での仕事の先も見えたような気がしていた生意気な時期だったもので、この際新天地に転じるのも悪くないなと決意したんです。しかし、新しい仕事に不安も大きく、林野庁には、帰ったら復帰できるように確約してからカリマンタン行きを決断しました。

当時はまだ飛行機が一般的ではなく、カリマンタンへの出発は船でした。東京竹芝桟橋には、私たちの壮途を祝う横断幕が張られ、楽隊による鳴り物入りで華々しく送り出されたものです。

私たちを乗せた船は、タラカンに着いて、誰もいない港に四人分半年間の食糧と、森林調査道具を置いて、「半年後に迎えに来る、それまで元気で……」と言って直ぐに出港して船は見えなくなってしまいました。あの時は涙が出るほど淋しかったですな。無人島に置き去りにされたようで……でも嘆いていてもしょうがないので、しゃにむに調査を進めるしかありませんでした。

タラカンから七〇㎞ほど内陸に入ったササヤップというところを、半年かかって調査しました。オランダ統治時代の七五万分の一という地図が頼りで道もありませんから、川沿いしか調査できません。半年間調査して、日本に帰って報告書をまとめ、一年後に本調査です。

カリマンタン森林開発協力というのは、スカルノ大統領が計画したもので、日本は機械と技術を提供し、インドネシア政府の事業費は素材販売代金で支払われるというプロダクション・シェアリング方式でした。当時は凄いインフレで、賃金が次の日には倍になっているということもあって、インドネシア側の事業費が追いつきません。日本側は事業費を持っていないのでどうしようもありません。木材を買い付ける日本の商社は、森林経営などお構いなしに、有用なラワンだけ伐採しろというし、インドネシア側はラワン以外の樹種も利用できるはずだと主張して、間に立つ私たちは困りました。

直径一五〇㎝位のメランティ種が一haに六〜七本もあるところもあれば、一本も無いところまでいろいろで、まあ二本もあれば伐採適地としなければなりませんでした。

この後、ブラジルでユーカリ植林の仕事をして、またカリマンタンでフォレスターとして働けたことは良かったと思っています。これからも呼んでくれるところがあれば、良い仕事をしたいですな。

（服部清兵衛　談）

木工芸の指導にかける――秦泉寺正一先生のこと

高知大学名誉教授秦泉寺《じんせんじ》正一先生は、元をただすと土佐藩主の子孫だそうです。幕末の英雄坂本竜馬の生家とは隣同士とのこと。ご自身『竜馬いま――黒潮海援隊の思想と自分

秦泉寺先生

史』論創社（一九八六）の著書もある竜馬研究家でもあります。一九一四年（大正三年）生まれ、東京美術学校を出たあと、東京府立一中や台北中学で教鞭を取り、戦後は高知大学の教授をされていました。

秦泉寺先生は戦争中、海軍の情報将校として、ボルネオ島タラカン玉砕*の生き残りだと言われていました。戦後早くからインドネシアに恩返しのために、工芸による村づくり運動を進めておられました。美術的に評価される工芸作品を作ることを指導され、さらに工芸作品を集荷・販売・宣伝する方法も指導されていました。「本当に良い作品は高く売れるもので、それを通じて村の生活が良くなる」というのが先生の信念でした。どんな辺鄙な村でも直接出かけて、熱心に指導を続けています。バリ島キンタマーニに日本・インドネシア文化交流センターを設立し根拠地としています。活動はバリ島に限らずインドネシア全土に及んでいます。最近はスマトラ島の山村振興に力を注いでいます。バリサン山脈がインド洋に迫っているベンクール地方は、農耕地は狭いのですが、木材資源に恵まれているので、工芸による村づくりが有望な所だと熱心に話してくださいました。また、当時抗争が続いていたチモール島のクパンでも、工芸によって発展できる場所なので、チモール紛争が早く納まり平和な島になるように願っておられました。

インドネシア政府は、秦泉寺先生の活動を高く評価して、当時のユフス教育文化大臣から、文化功労賞が贈られました。山村の資源を使った地域振興策は私たち熱帯降雨林研究センターの課題でもありますから大きな励みでもあります。

秦泉寺先生はサマリンダでは留学生の教え子の家に滞在されていました。私は「日本食を用意できますから我家にお泊まりください」と申し上げたのですが、先生は「彼の家に不満があるわけでもない。このまま移ったら彼の好意に水を差すことになる」と固辞されました。その細かい気配りに感じ入りました。

＊タラカン島玉砕　タラカン島は北緯三度東経一一八度にあって、面積三〇三㎢、戦争中重要な石油基地でした。一九四二年（昭和一七）日本軍はオランダ軍と三日間の戦闘の末占領しました。サマリンダを本拠地とする海軍警備隊がタラカン島守備に当たっていましたが、秦泉寺正一さんはこの時の将校で、民政部を担当していました。オーストラリア

軍を主力とする連合軍がタラカン島奪還を図っていることから、一九四五年四月に陸軍が中心になり全タラカン日本軍守備隊が結成されました。日本軍の戦闘要員一九五〇名に対して、連合軍は十倍以上の一万七千名の大軍で攻撃してきたそうです。この時の様子は、宮地喬『タラカン島戦記――僻地孤島の惨敗記』原書房（一九八二）に詳しいですが、玉砕したと伝えられる激戦でした。

秦泉寺先生は、連合軍の総攻撃が始まる前に、タラカン島を撤退し、対岸のササヤップ河口から内陸に脱出しました。ダヤク族の言葉が話せる秦泉寺先生は、現地の人たちの信頼を得て、部族の酋長とタンパラサという指を切ってその血をお互いになめて親子関係を結んだそうです。酋長の庇護もあって、川を伝わって、サマリンダまで逃げられたといいます。一九八六年にタラカンの現状を視察し、『タラカン・スカラン（タラカンは今）』として遺族の方たちに記録を届けるために来島されました。かつて逃避行で通ったマハカム川の変わりように驚いておられ、「昔は川を舟で下る時には空が見えないほど両岸の樹が大きかったが、今は明るくなり、川岸に人家が多く見られるようになった」と変化を話されていました。『タラカン島戦記』によれば、「島を脱出して対岸に逃げた日本兵は、敵対する現地住民によって殺された」と書かれていますから、秦泉寺先生のような生き残りは稀であったと思います。秦泉寺先生のインドネシア山村振興に尽くす熱意は、この時の〝助けられた〟恩返しの気持ちがあったとご自身が語っておられます。

京都からサマリンダへ・Mさんからの便り（一九八五年十月二五日）

私は京大農学部スタッフからなるインドネシア農村土地利用調査に参加して、初めての海外調査でした。大半は調査団諸先達の手伝いでしたが、部分的に単独行動を許され、できるだけ多くの地域を見たいと思って、南カリマンタンのバンジャルマシンから一行と別れサマリンダ訪問を果たしました。高畑さんの案内でリモートセンシング室を見せてもらい、フレダス森林解析システムを使った土地利用解析を勉強しました。熱帯雨林は初めてという私のために、大学研究林の中を歩く機会を取ってくれ大変貴重な体験となりました。熱帯雨林がどんなに虫の多い所かも知らず、半そでシャツというういでたちで、林内の蚊に大歓迎されてしまいました。

アグロフォレストリー試験地、学生植林実習、森林火災後の二次林等初めて目にするものばかりでした。ジャワ島からの移住計画（トランスマイグレーション）の問題点や、国有林への違法侵入定住者などの状況も知ることができました。

ルンパケ研究林に案内してもらった京大留学生デウィさんの自宅に招待され、前庭農園（プカランガン）から獲れたての果物をご馳走になりました。ブキットスハルト研究林を案内してくれたデディさんは、日本への再留学を希望しており、向学心旺盛でした。現在ムラワルマン大学から京都大学に留学しているアルダーナさんは本紙「コーラン・ウータン」の熱心な読者でもあります。

四日間のサマリンダ滞在後、スラバヤ経由ブリタールで調査団本隊と合流し、二週間の農村土地利用調査を行いました。その後ガジャマダ大学ファナイさんにラパン（インドネシア地上受信局）とのリモートセンシング共同研究施設を見学させてもらいました。今回のインドネシア行きは大勢の人たちと交流し、いろいろなところを見ることができて大変実り多いものでした。サマリンダのＪＩＣＡチームの皆さん有難うございました。

（Ｍ 記）

現代学生気質　小さい店でも開きたい——リドワンの場合

私の名前はリドワンです。皆は短く縮めて「ワン」と言いますが、私の嫌いな中国人のようで嫌です。出身は中部ジャワ・スラカルタです。スラカルタはソロ王朝のあったところで、ジャワ文化を最も良く残している街だと思います。父はアラビア人で七五歳、もう仕事はしていません。インドネシアではコーランをアラビア語で唱えますからアラビア人は尊敬されています。母は五五歳で後妻なんです。私は一二人兄弟の七番目で、すぐ上の兄と弟二人が大学生です。下の二人はまだ高校生です。母の親類の人がムラワルマン大学の先生をしているので、この人を頼って三年前にサマリンダに来て大学に入りました。大学は入るのは楽でも卒業するのは大変なところです。専攻は経営学ですが、最近どうも大学の勉強に疑問を感じているところなのです。もともと勉強は余り好きなほうじゃありません。このところ学校の成績が悪くて、落ちこぼれって言うんですか、大学に行くのが嫌になっているのです。

弟は成績がよくて医学部に行き、医者を目指して張り切っていますが、私は人に使われるのも、人を使うのも好きではないので、大学が勧める企業への就職は魅力を感じません。そうかといって何か仕事が無ければ困るのですが、サラリーマンにだけはなりたくないと思っています。何をやりたいのかですって？　いまの希望は早く故郷に帰って、小さな日用品を扱う店ワルンでも開けたらと思っています。なんといっても故郷はいいものです。ジャワとカリマンタンでは大違いです、人も自然も……。ジャワには森が無いだろうって？　とんでもない。ジャワには山が多いので、サマリンダの周りよりもよっぽど良い森林がありますよ。

とにかく一度私の故郷を見てください。あぁ！　こんな話をしていると、本当にソロに帰りたくなります。四万ルピアあればバリックパパンから高速客船で、次の日にはスラバヤに着くのですから……内緒ですが、本気で大学辞めて帰ろうかと思っているところなのです。

（リドワン　談）

頭の中に甦ったボルネオの旧人・森男《もりおとこ》

わしは三万年前に亡んだといわれる旧人だが、コーランウータン編集子の熱心な望みにこたえて、彼の脳の中に甦えることにした。なにしろ三万年ぶりなので忘れてしまったことも多いが、自分のことを話してみよう。

わしらのことを編集子に話したのは、京都大学霊長類研究所のA先生だというが、A先生はサルの音声によるコミュニケーションの調査でボルネオ奥地に入り、原住民からオランウータンとはちがうヒトに似た恐ろしい生き物「森男」の話を聞いたそうだ。なんでも口に出して話すのもはばかれる様な恐ろしい生きものとして、わしらのことを話したそうな。わしらの特徴である目の上の眉毛の部分の出っ張りを手で示し、「こういうような生きもの……」「口に出すのもはばかれるような恐ろしいアノ者……」と表現したそうだ。新人とわしら旧人とが出会ったのは何万年も

身振りで「森男」を表す原住民

前のことだが、今でも恐ろしい生きものとして伝わっているほど、新人にとってわしら旧人は恐ろしい生きものであったということだ。

わしらは北京原人やジャワ原人のホモ・エレクトスと違って、れっきとしたホモ・サピエンス（ヒト）なのだ。ただ君たちモンゴロイドの先祖というわけではないと思う。モンゴロイドはアジアで新人が分化したもので、わしらは旧人と言われている。新人（クロマニヨン人）は旧人（ネアンデルタール人）とは、大脳の発達のさせ方が違って、言葉を自由にあやつることができた。このため新人は集団として乾燥や寒冷などに対する環境制御を可能にし、動植物の知識を増やして食物獲得に高度な技を発達させることができたのだ。人類発祥の地のアフリカを出てから、同じような場所にいたわしら旧人は、あらゆる面で競争に負けた。もともと繁殖力が弱く数も少なかったわしらは、生存の証拠も残せないまま滅びてしまったというわけさ。

何時だったかサラワクの洞窟で三万五千年前のホモ・サピエンスの骨が見つかったというニュースが報じられたが、それがわしらと同じ人種であったかどうかは知らない。わしらの住処は洞窟ではなくて森の中だったので遺跡や遺物を残さなかった。仲間が死んでも埋葬の習慣はなく、川に流す水葬であったので、骨は砕けて海にまで流されて残ってないだろう。

背は高くないが頑丈な手足で、力が強かったわしらの先祖は、何回か新人たちと争ったが、新鋭武器と統率された軍事組織にやられてしまった。それでもいまだにわしらが恐ろしい者だという伝説は生きているようだ。ヒマラヤの「雪男《ゆきおとこ》」（イエティ）や中国の「野人」（イェレン）と同様にわしら「森男《もりおとこ》」（オランリンバ）も、発達した君たちの脳の中で生きているのだよ。

乾燥地域では、旧人の生きていた証拠である遺跡が残り易いが、河の民（オランスンガイ）でもあったわしらの痕跡はこれからも見つけ難いかもしれない。しかし、想像力豊かな君たちのことだ、これからも大昔の隣人を思い出してくれたまえ。そのことが君たち現生人の生き残った理由と、繁栄の原因とを明らかにすることだろう。そして、これから何百万年も地球上で生きつづける叡智を授けてくれることだろう。

ご健闘を祈る。さらばじゃ……

（森男　談）

ドリアン理論・コーナー博士（一九〇六〜一九九六）

世界的に高名な植物学者コーナー博士のことを、この欄で紹介するのは場違いな感じがしますが、気さくな博士は赴任の挨拶に訪問した私たちに、短パン姿で気軽に会って下さいました。ボゴールのお宅に何人ものインドネシアの孤児を養っており、年かさの少年にお茶を用意するように言いつけている様子は、ケンブリッジ大学教授であった権威的な雰囲気を感じさせませんでした。当時の私は不勉強のため博士の令名を存じ上げず、イギリスから熱帯植物の研究に打ち込んだ元気で奇特な研究者としか映りませんでした。すでに八〇歳になろうかと言うご高齢であったにもかかわらず若々しい口調で、ドリアンの栽培化と品種改良を考えていると話されました。私は熱帯の経験も無くドリアンがどういうものかも知りませんでしたので、そういう熱帯樹もあるものかという程度にしか覚えていません。今考えればもっとお聞きすることがあったはずですが、それだけの知識も無い浅学な自分を嘆くばかりです。

コーナー博士は、種衣を動物に食べさせて種子の伝播をさせるドリアンを被子植物の原始の姿だと指摘されました。進化論の中ではドリアン理論として注目を浴びた理論です。菌類、海藻類、イチジク属、ヤシ科植物の分類学と進化理論における数々の業績で、ダーウィン賞やリンネ金賞、さらに昭和天皇記念の国際生物学賞の第一回受賞者でもあられます。

コーナー博士はシンガポール植物園時代（一九二六～四六）、精力的に熱帯植物を採取・調査されました。当時イギリス植民地であったシンガポールが日本軍によって占領されてからも、破壊を防ぐために帰国しないで、捕虜として植物園の存続に力を注いだそうです。この時のコーナー博士の行動は、研究者としての良心と情熱によるもので、戦時に敵国である日本に占拠された植物園を守る難しい選択をされた博士の並々ならぬ度量に驚嘆させられます。

十一．熱帯雨林の自然保護

「自然は泣いている」？

自然保護運動のキャンペーンコピーに「自然は泣いている」というものがありました。自然を擬人化するのは誤解を招くし、泣くのは人間であって、自然は人間の都合など関係無しに変化するもので適当な比喩ではないと思われます。自然を人間にとって有利な状態に保つのが自然保護とすれば、「自然は泣いている」という言い方は、人間の身勝手な態度と言えそうです。

最近は生態系サービスと言う言葉で、自然から受けるメリットが最大になるように自然の状態を保つことが自然保護だと言われます。人間だけでなく、大多数の野生生物にとって好適な状態や構造であることが必要です。自然を生物多様性発現の場であると考え、生命の歴史を順調に進めることが自然保護だと考えたいと思います。

森の樹が切られて可哀そうという感情は大事にしなければなりませんが、森林伐採がどんな影響をもたらすのか、森林破壊はどうして起こるのかなど冷静に考えることが大事だと思います。

森林植生が成り立つ最適の環境にあるボルネオで、「自然保護」とは人為的な撹乱によって不可逆的な森林破壊を起こさないことです。人間は自然を利用しなくては生きていかれませんが、自然を利用できない状態にまで変えてしまっては元も子もありません。「自然保護」は人間による人間のための自然への働きかけと理解したいと思います。個別具体的な自然保護問題は、地域に暮らす人達と周囲の自然の状況によって千差万別です。頻発するボルネオでの自然保護問題は、地域住民の民主的環境権の確立が鍵だと思っています。

開発と自然保護

熱帯雨林の破壊は開発によって起こります。マレーシアやインドネシアにとって熱帯材の輸出は重要な財源でしたので、政府は伐採会社に伐採権（コンセッション）を与えて奥地の伐採を進めました。伐採後は植林することが条件になっていましたが、植林義務を果たしているところは少なかったようです。また植林した所も不成功に終わる事が多いといいます。伐採跡地にチークを植えたところを見たことがありましたが、虫害で箒状に細かく枝分かれした変形樹形が多く見られました。フタバガキ科樹種の植林には、根に共生する種類の菌が必要で、苗のときに有効な菌根菌を接種する必要があることもわかりました。熱帯林の植林には、まだ技術的に不十分な段階で、伐採だけが先行して森は破壊されていきました。

原住民の焼畑は、企業によるプランテーション開発と、熱帯林を破壊することでは同じではないかという人もいますが、それは違うと思います。伝統的な焼畑は、火入れによる植生コントロールが可能な範囲しか使いません。部落の労力と、必要な食料確保のために焼畑の面積は必要最小限に抑えられます。重機を使ったプランテーション開発とは影響の大きさが違います。熱帯林の伐採は原住民の焼畑予定地を奪うことであり、生活の場をなくすことになります。ボルネオでの自然保護は、狩猟や焼畑など森の恵を受けて生活している人々を守ることでもあると思っています。

オイル・パーム・プランテーションとメガ・ライス開発について

サバ州を旅行して、広大なオイル・パーム園に驚きました。オイル・パームは実を収穫してから二十四時間以内に処理しないと劣化するため、処理工場の近くに広い畑がまとまっている必要があるそうです。小規模農園が点在するようでは効率が悪くて成り立たないので、必然的にメガ・オイル・パーム園となります。このため地平線まで見渡す限りのオイル・パーム園が広がることになります。場所によってはこのような大規模単作農園が可能なところもあるでしょうが、私が見たキナバル山麓やキナバタンガン川流域など、森林を保全して野生動物が生息できる環境を保つ必要がある保護地域では開発は避けなければなりません。

カリマンタンの湿地林を開発して、大規模な水田を作ろうという計画があります。米は大事な食糧で、インドネシアはタイから輸入してまかなっているそうです。政府は水田開発によって米自給だけではなく輸出品目として重要視する政策をとっています。しかし、カリマンタンではメガ・ライス計画はあまり成功していないようです。サマリンダ郊外の開拓地で、湿地に水田を造成しようとして失敗し放棄してある所を見たことがあります。そこは重機も入れないような湿地で、木を切り倒して根を取り除こうとして放棄してありました。水田にするのには、灌漑・排水施設が整わなければなりません。地質も調べずに、木を伐採しただけでは池ができるだけだと思いました。

メガ・ライス計画は中央カリマンタンで大規模に実施されたと聞きます。中央カリマンタンのパランカラヤに飛行機で降りたことがありますが、接近した地上は飛行機の陰が写るような深い湿地林でした。簡単に水田造成ができるところとは思えませんでした。

熱帯雨林の保護のために

熱帯雨林の保護には樹を伐らない事が一番ですが、人が生きていくためには森林資源の伐採が必要なので、すべて禁伐というわけにもいきません。それでも伐ったら森林の再生が望めないところは避けるべきです。伐ってよい所と伐ってはだめな所とをはっきりさせる必要があります。開発可能地の区分は、地形・地質・気象・水利など自然条件が農業開発に適しているかが検討されます。それに原住民がどのように暮らしているかの情報が必要です。原住民に対し、開発によって地域の自然がどのように変化するかの予測が示されなければなりません。最終的には原住民の同意が不可欠です。オイル・パーム・プランテーションやメガ・ライス計画のように、熱帯雨林を根底から破壊するような開発は避けるべきです。地域ごとに住民の意見を取り入れて、再生可能な森の利用に止める工夫をしなければなりません。遠く離れた日本からの援助は、地域住民の自立と安寧のために行われるものです。結果として地球環境を保全する熱帯林保護につながることが期待されます。

十二．インドネシア語面白字典

研究所のロゴ

日本語	インドネシア語	解説
いいかげん	プラプラ	しっかりくっ着いていないで直ぐ外れる
地獄	ナラカ	ここは奈落　地獄の果て
顔	ムカ	色は黒くても向かっているほうが顔、時にムカつくことも
戻る	モンドール	モンドってこいよ
ごちゃ混ぜ	マッチャン マッチャン	みんなマチマチ
腹が立つ	マラー	怒るとマラも立つか？
死んだ振り	マティマティアン	熊もマテ待てや
孫	チュチュ	可愛くてチュするもの
とんでもない	マサ	まさか！？
空白の	コソン	枯損で、ぬけた
ご飯	ナシ	ご飯はナシと言われても腹減った
魚	イカン	こんな旨い魚を食ってはイカン
ケーキ	クエ	このケーキ甘すぎて食えん
美味しい	エェナ	この料理美味しくてええな
少ない	ケチル	吝るから少ない
多い	ブッサール	ドッサーリと同じ
ごみ	デブ	「粗大ごみ」の直訳気にしないで
歯	ギギ	歯ぎしりの音
ドアを押す	ドロン	出口から出るのをドロンするという
水	アイル(Air)	水は空から降ってくるもの
又会おう	サンパイ	参拝するとはご丁寧に
おわり	アキル	面白字典も　もう飽きたから　これでお終い

インドネシア語面白字典

日本語	インドネシア語	解説
人	オラン	居るのにオランと居留守を使う
若い	ムダ	若いうちは無駄なことをしても許される
あなた	アンダ	ちょっとアンダァ　岩手の訛りか？
絵	ガンバル	絵を描いていると「ガンバルね」とほめられる
唇	ビビル	ものいえば　くちびる寒し
答える	バラス	なにもそこまでバラさなくても……
何時までも続く	バカ	…は死ななきゃ直らない
雨漏り	ボチョル	スコールの時はボッチョリ漏る
止まる	アソウ	昭和天皇の口癖「アッそう」 恐れ多くて止まる
血	ダラー	やられた！　傷口から血がダラリと
果物の一種	ナンカ	ナニカと言っても　さっきから果物だと言っているのに
自然	アラーム	自然は警告する！
指輪	チンチン	ご婦人専用です
しゃべる	ビチャラ	ビチャラビチャラと良く喋る
酸っぱい	アサム	アァ　サム気がする程すっぱい
細かく切る	ポトンポトン	これほど良く切れる包丁は無い
鈍い	ドング	鈍愚
多分およそ	キラキラ	お星様の数の事
汚い	ムサム	ムムッ　ムサクルシイ

十三．森の博物誌

【植物】

マングローブ

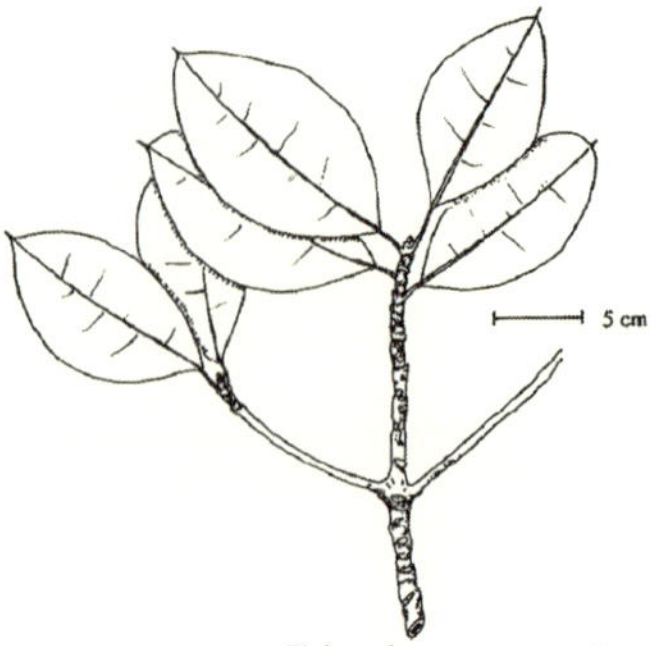

Rhizophora mucronata

マングローブは川沿いに生えるヒルギ科（*Rhizophoraceae*）などの湿地林の総称です。マハカム川の河口デルタには広大なマングローブ林が広がります。この林に近づくのは船からしかありません。水中から細い幹がたくさん生えていて、林の中に入るのは無理です。マングローブ林は人を寄せ付けないところです。陸上の動物はマングローブ林に入ってこられませんが、テングザルはマングローブの葉を食べて樹上で生活するのでマングローブ林に普通に見られます。

研究センターの動物専門家が、マハカム川河口まで船でテングザルの観察に行くというのでついて行きました。驚いたことにマハカム川沿いのマングローブ林は、川の縁だけ残して中のほうは伐採されていました。エビの養殖池になっているようです。

マングローブは水中に根を張っているため、川で運ばれてくる土を根の周りに溜める作用があります。溜まった土は特殊な性質をもっていて、取り出して乾かすと強い硫酸酸性で毒性があるといいます。マングローブ林を干拓して農地にすることはできません。マングローブの木は木炭になるのですが、伐採用の機械が入らないので伐採するのは大変なようです。それでも、エビの養殖は良い収入になるので、マングローブ林の伐採が進んでいます。

マハカム川の河口は大きなデルタになっていますが、その中州に古いクタイ王朝時代の遺跡があるというので船を岸につけて上陸しました。古い神社のような建物と説明板だけがありました。マングローブに生きた小さな部落の痕跡を見たような気がしました。

ココヤシ *Cocos nucifera* Kelapa (In), Coconut palm (En)

Fig. 430 *Cocos nucifera* L. (Palmac)

南の島の景色を表すのにヤシの樹は欠かせません。東南アジアに広く分布していますが、原産地はどこか良く解らないそうです。名も知らぬ太平洋の遠き島が原産地でしょうが、ヤシの実は海流に運ばれて流れ着き、海岸に生えるので、至る所で見られます。

ジャワ島のボゴール植物園には、一八一七年の開設当時に植えられたココヤシ母樹があります。その後の改良種の元になった樹で、マザー・ツリーとして大事にされていました。

ココヤシは大変有用な植物です。未熟な果実の中にはアイル・クラパ（ヤシ水）があって、甘い飲み水になります。東カリマンタンの玄関であるバリックパパンの飛行場は海岸にあって、初めて着いた時に、採れたてのヤシの実に穴をあけて飲んだヤシ水の美味しさは忘れられません。ヤシの実はもう少し熟すと、胚乳がゼリー状になり、スプーンで削り取って食べます。ミキサーでドロドロ状にしたものは、いろいろな料理に使われます。ご飯を炊く時に入れると、ナシ・ウドックという香りの良いご飯になります。もっと熟した胚乳はコプラといって、乾物中64~68%の脂肪を含み、料理や菓子に使われたり、搾ってヤシ油を取り出します。

ヤシの頂芽はパーム・ハートと言って生でサラダにして食べるそうです。「王様のサラダ」とも言われ、珍味とされています。頂芽を採れば樹は枯れますから一回しか収獲できないので価格も高いのだと思います。

ヤシ類は単子葉植物で、柔細胞組織中に維管束が散在するだけで木材にはなりません。せいぜい小屋掛けの支柱程度です。その代り果皮繊維や殻を加工すれば用途は広いそうです。

樹高は15~30mになります。高い樹上の実を採るのにサルを調教して使うそうです。

アブラヤシ *Elaeis guineensis*

アブラヤシは熱帯アフリカ原産ですが、ボルネオ島でもプランテーションで大規模に栽培されています。赤燈色の4cm位の実をたくさんつけ、これを収獲して油を搾ります。果

アブラヤシの実

皮にも核の中の仁にも、50〜60％の油を含んでいます。ボルネオ島マレーシア・サバ州のオイルパーム園で実を収穫しているのを見ました。房ごと切り落としてトラックに積んでいました。種実は24時間以内に油を搾らないと劣化すると言われており、収穫から工場まで急いで運ぶ必要があるのだそうです。

アブラヤシ樹は寿命が短いので、植え直しをしなければなりませんが、サバ州では古いヤシの樹を枯らすのに、除草剤を注入して枯らしていました。熱帯雨林を伐採して開いた広大なオイルパーム園は自然破壊だと言われますが、除草剤で立ち枯れた風景は死の世界で、異様な感じを受けました。世界的に油脂植物は過剰傾向にあるようで、大規模オイルパーム園の見直しが進んでいるようです。

サトウヤシ *Arenga pinnata*

サトウヤシの樹液採取

マハカム中流域の部落で栽培していました。花を咲かせるまでに七年以上かかるといいます。高い所に竹で足場を組んで作業します。雌雄同種で葉腋から出る花穂を切って竹筒に刺し樹液を集めます。集めた樹液は糖分が一五%位あり、煮詰めて逆三角錐の型枠に流し込んで固めます。何にでも使える癖の無い砂糖で、私たちも一kg六百ルピアで買いました。インドネシアではコーヒーも栽培していて、自家焙煎、自家砂糖で飲むのが通というものでしょうか。

ロタン（トウ） *Calamus* sp., *Daemonorops* sp.

ヤシ科ツル性植物の総称です。林縁や沢沿いに他の木に絡まって生えています。茎を籐と言って椅子や籠などに加工します。日本では敷物として人気があり、ボルネオ林産物と

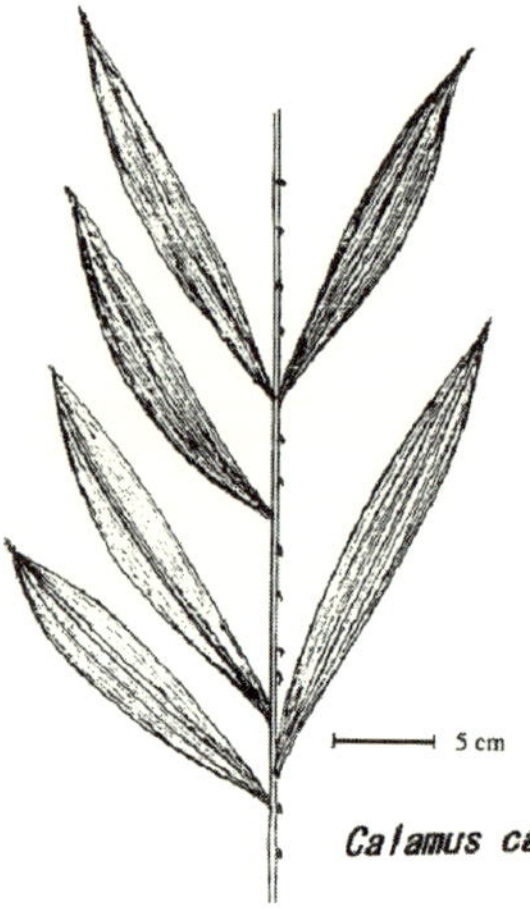

Calamus caesius

して重要な植物の一つです。森の中には椅子の脚になる太い茎から籠に編む細い茎まで何百種類もあるといいます。中でも鉛筆程度の太さで、半分に割いて敷物や椅子の背に編むくらいの物が好まれるようです。マハカム川を往来する舟に長く巻いたロタンの束を積んでいる風景はサマリンダの風物詩になっています。

大学研究林の中でも地元民によるロタンの採取が行われています。研究林は保護区で住民の立ち入りが禁止されているはずですが、監視が行き届かないためか、採取・狩猟が事実上黙認されています。林内ではロタン採取だけではなく、ルサという小型の鹿も狩猟されていました。研究林のロタンも仲買人を通じて売られ、加工場に集められているのだと思います。

ロタンのような有用林産物は、自然林の中から採取するだけでは、労働効率の低さと資源枯渇の心配があります。何とか栽培化が図れないものか考えました。まず優良ロタンの種子を採って発芽生態を観察しようと思って、種子を林内から集めました。ところがサマリンダの大学ゲストハウスの机の上から何時の間にか種子が無くなってしまうのです。ロタンの種子は直径一㎝程の球形でネズミやリスの大好物だそうです。

大学の先生からロタンのレクチャーを受けましたが、日本向けロタンの輸出は敷物に人気があるのだそうです。日本の夏はインドネシアよりも暑いので、ロタンの敷物輸出は有望なようです。ロタンの敷物は切って使うものではなく最初から何畳間用と決めて織らなければならないが、住宅によって微妙にサイズが違うのが難しいと言っておられました。ロタン利用の研究は進んでいるものの、原料のロタン栽培の研究はこれからのようです。

マレーシア半島部のゴム園で、ロタンを栽培していると聞きました。アグロフォレストリー（混農林業）の一つとして試作してみる価値はありそうです。その前にロタン類の生理・生態を調査する必要があります。品種改良や栽培法の確立はその次ということになりそうです。

ディプテロカルプス・コルヌトス *Dipterocarpus cornutus*

ブキットスハルト研究林低地フタバガキ林地帯に普通に見られる樹です。普通に見られると言っても、一haに一本か二本という程度だそうです。こんな樹が数本もあれば熱帯材伐採適地となります。現地名はクルーイング・ガジャでフタバガキ科の代表的な木で、高さ五〇ｍくらいになるそうです。

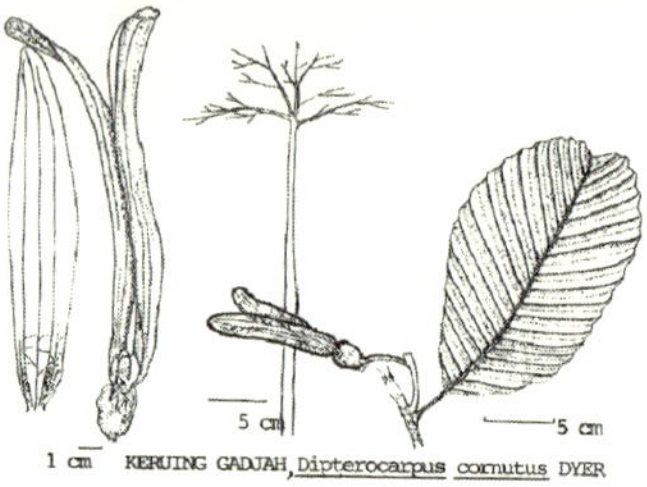

研究林のコルヌトスに花が咲き、二枚の羽根を持った実がつくようになりました。K先生が種子の昆虫による被害を調べることになり、毎日落下種子を樹の周りから拾い集め、虫害の有無を調べる仕事を始めました。K先生が出張で不在の時は、私が学生と一緒に落下種子を集めました。驚くほど沢山の種子が落ちてきます。その殆んどが虫食いです。虫がつくと種子を落す仕組みが樹にあるようです。落ちた種子はさらに他の動物に食われ発芽することはできないようです。

ボルネオテツボク（ウリン、ブリアン） *Eusideroxylon zwageri*

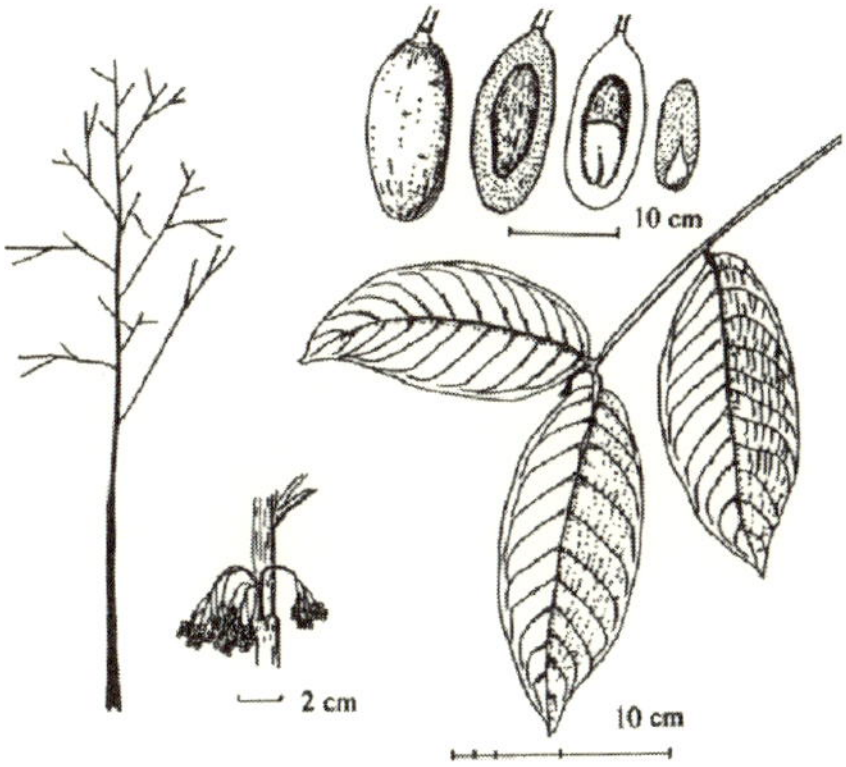

ボルネオとスマトラに生育するクスノキ科高木です。鉄木と言うくらい硬く重い木です。何よりも腐りにくく、シロアリにも強いといいます。ルンパケ研究林で自然林と思って歩いていたら、林の中に古いウリンの杭が立っているのに驚きました。聞いたらコショウ栽培の跡だといいます。一九四〇年代に日本人が開拓したそうです。こんなところまで来て農場を開いた努力には頭が下がりますが、戦争でその努力も実らなかったむなしさを感じました。それにしても四〇年以上経つのにしっかりした杭が残っているのは、ウリンの耐久性が高いことを示すものでしょう。

サマリンダの水上家屋の集まった集落で火事が起きたことがあります。火事跡に行ってみたら、水の中にウリンの杭だけが残っていました。上の部分は燃えて川の中に落ちて流れていったのでしょう。

カポック　*Ceiba pentandra*

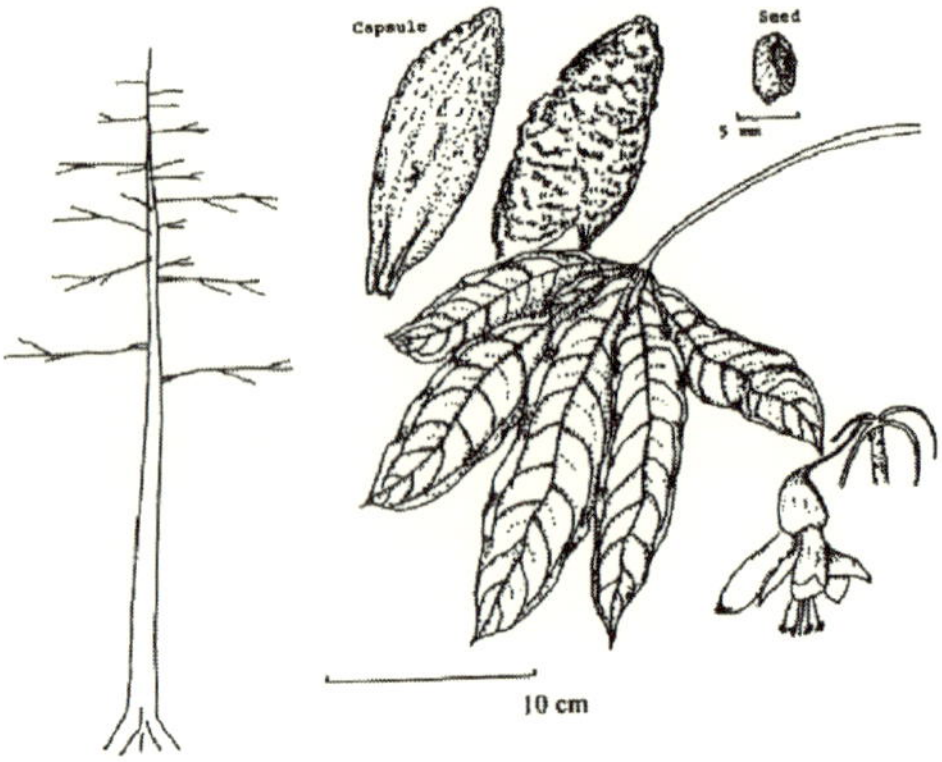

南アメリカ原産ですが熱帯各地に植えられるパンヤ科落葉高木。川沿いに遡上していて、川岸にカポックの林が現れたらカンポン（部落）が近いと教えられました。何時間も船に乗って変わらぬ風景に飽きた頃、水平に枝を張った特徴あるカポックの樹を見るとホッとします。

日本では枕やクッションに詰める綿を総称してパンヤといいますが、厳密には同じパンヤ科でもカポックとパンヤ（*Bombacopsis malabaricum*）は別な種類です。カポックの花は白く房状に花梗をだしますが、パンヤは大きな紅色5弁花を単生します。10～13㎝の蒴果の中に絹糸状の綿毛に包まれて種子が入っています。この繊維は長く光沢があって、軽くて強い、虫害を受けにくく、電気絶縁性が高いなど高品質で重宝されました。一九三〇年代には世界の総生産量の64％がインドネシア産だったということです。しかし、ナイロンなどプラスティック製品が出回るにつれ激減してしまいました。

カポックの若い蒴果は食用になりますし、種子からは油が採れます。材は気乾比重0・30と軽い上に強いので丸木舟を造るのに最適と言われます。生活全般に欠かせない有用木として、屋敷林に植えられていました。今でも数万tの生産能力があるそうです。カポックを産業遺物としないで、新たな付加価値を見出す研究が必要だと思いました。

プスパ　*Schima wallichii*

ツバキ科中高木で植栽樹種として注目されています。種子から良く発芽し、生育も早いので、二次林に植えています。赤褐色の材は耐久性・加工性・強度とも優秀で、研究林で高く評価されています。白い花びらの中心に黄色いオシベが目立ち、観賞用としても使えます。キナバル山の標高の高い所に、この樹が矮生化して白い花を咲かせ、高山植物としてお花畑を彩っています。用材林としての植林や、観賞用低木仕立て、高地の環境保全マット植生と、多様な価値を持つ有用樹です。

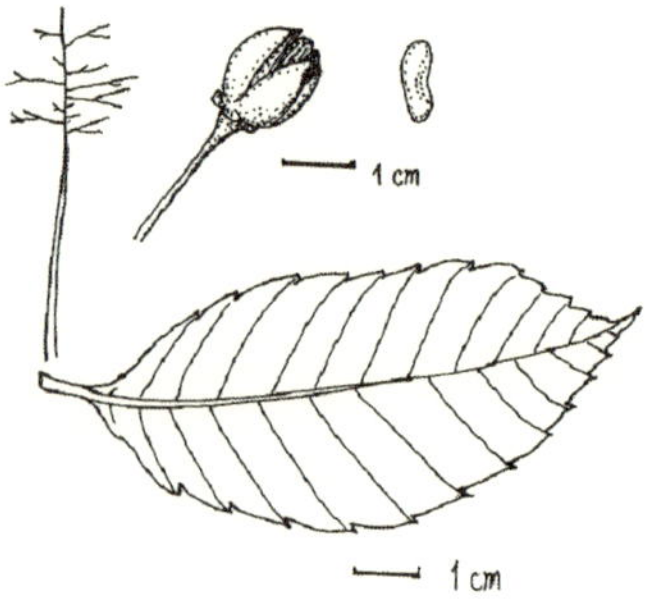

アカシアマンギウム *Acacia mangium*

オーストラリア原産で熱帯各地に植えられるマメ科高木です。研究林では山火事跡の植林にこの木を使いました。種子から容易に苗木を作ることができ、瘠せ土でも良く育つので、植林用樹種として重用していました。30〜50㎝程のポット苗を大勢の学生が人海戦術で植えていく様子は壮観です。パランで刈払い、鍬で植えていく早さは相当なものです。急な斜面でもグループで競い合うようにどんどん登って行きます。五年も経つと見上げるような大きさになります。学生達が植えた植林地をその後訪れる機会がありましたが、すっかり成林し景色が変わっていました。林床は草も生えぬほど暗く、樹は徒長気味で、地形に沿って傾いているような様子でした。

オオバギ（マカランガ） *Macaranga* sp.

山火事や伐採跡に最初に生えてくるトウダイグサ科のパイオニアツリーです。山火事跡に真っ先に生えてきます。研究林の二次林に群生しています。研究林の中に石炭層があって、山火事の火が地中深く入って消えないところがあります。火種を抱えているので山火事が頻繁に起きます。燃えた跡にはマカランガが直ぐに生えて二次林をつくります。マカランガの多くはアリを住まわせていて、葉を食べに来る虫を追い払っています。マカランガのような植物をアリ植物といいます。幹にはアリの通路となる空洞があって材木としては使われません。

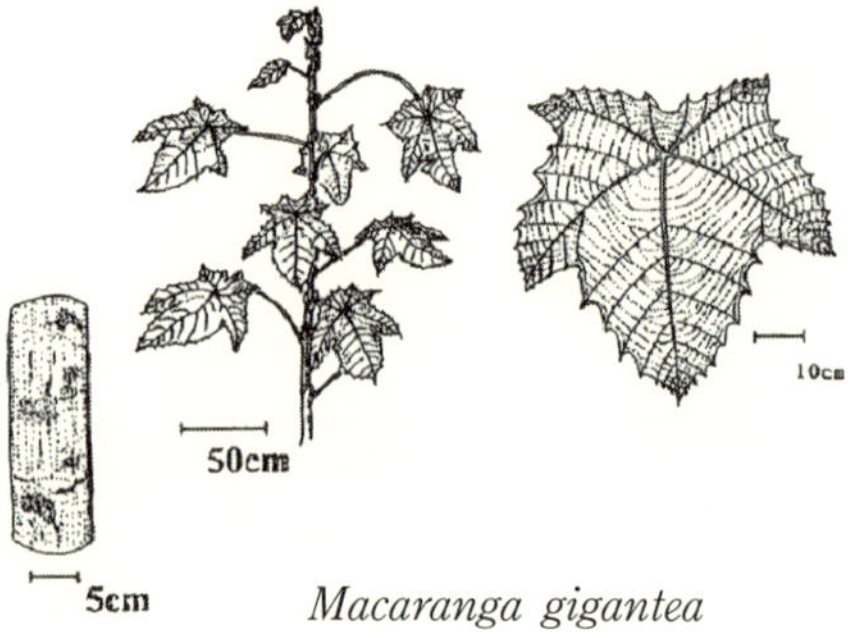

Macaranga gigantea

ヌルデモドキ（スンカイ） *Peronema canescens.*

ブキットスハルト研究林で植樹用に使っていた早生樹です。挿し木で植えていけるので、短く切った枝を大量に用意して、人海戦術で山に植えていきます。干ばつにあわなければよく発根して根付くようです。

奇数羽状複葉の葉軸にヌルデのような翼がでますが、ウルシ科ではなくクマツヅラ科です。幹は白っぽく柔らかそうな感じですが、しっかりした材が取れるといいます。水分を好むので、乾燥した荒廃地の植林には向きませんが、湿潤な伐採跡地の植林には良いと思いました。ただし早生樹だけの植林では熱帯雨林生態系にはならないので次の世代の植林をどうするか考えなければなりません。

ガンビール　*Uncaria gambir*

自然林に普通に生えるアカネ科ツル性低木です。林内を歩いてのどが渇いたときに、このツルを見つけると、パラン（なた）で切り取り中の水を飲みます。信じられないほどの水が出てきます。現地の人が水筒も持たずに森の中に入っていけるのも納得しました。

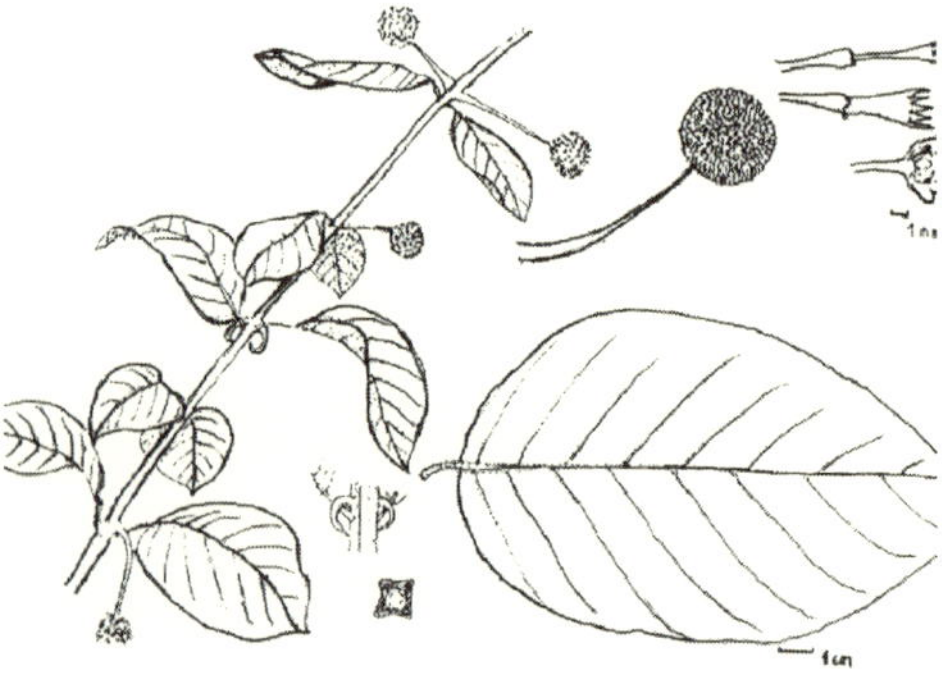

ツルを切って水を飲む

カエンボク *Spathodea campanulata*

西アフリカ原産のノウゼンカズラ科常緑高木で大きなものは二〇mに達します。インドネシアでは広く植えられて何処でも見ることができます。大きな赤い花が樹の上にまと

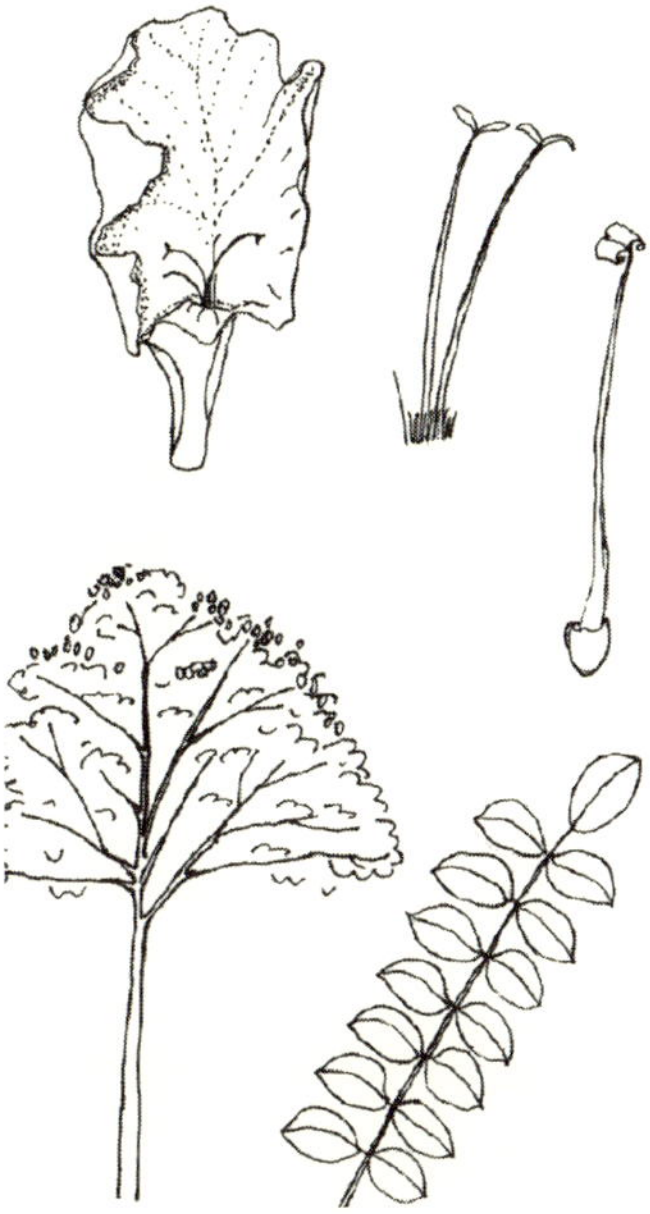

まって咲くので、火焔木といわれます。大きな花は仏炎苞のような萼で、5×10㎝程の大きさがあり、アフリカン・チューリップツリーとも言われる所以です。この花が樹上一面を覆うのですから遠くからも目立ちます。熱帯を代表する名木だと思います。カエンボクが咲くといかにも熱帯に居るなという気分にさせてくれる樹です。

マンゴー（マンガ） *Mangifera indica*

インド原産ウルシ科常緑高木。いろいろな品種があるようで、市場でも形・色・味が違うマンガ果実が山と積まれて売られています。マハカム川上流の村に舟で行ったときに、船長の家で長い休憩時間がありました。広い敷地にマンゴーの木が何本もあり、若い船員達が木を揺すってマンゴーの実を落としていました。面白そうなので、私も手伝わせてもらいましたが、木を揺するたびにバラバラと沢山落ちてきました。船に戻ってから、何ぼ食べてもいいといわれて、良く熟したマンゴーをいくつも食べました。

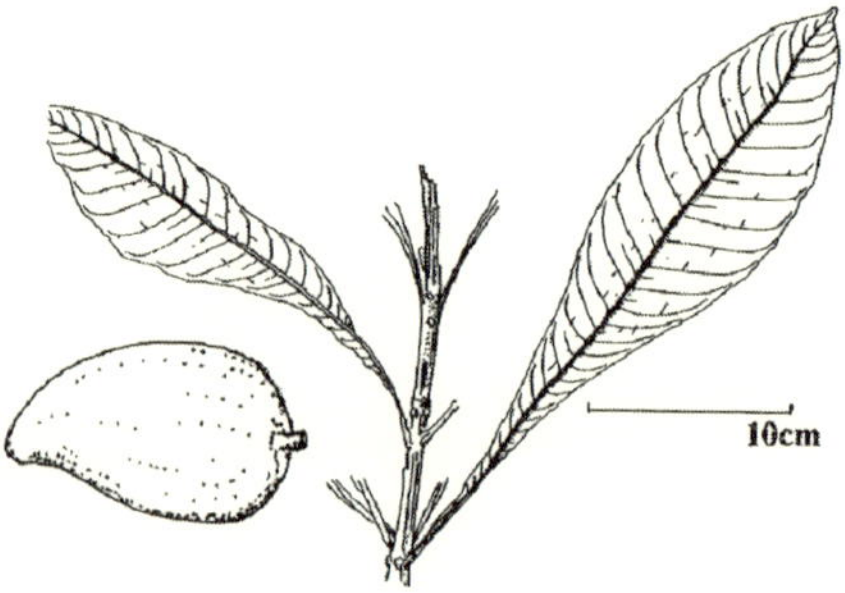

マンゴスティン *Garcinia mangostana*

マラヤ原産オトギリソウ科常緑小高木。ドリアンが果物の王様ならマンゴスティンは女王だと言われ、香りと味の上品な果物です。果皮が濃い赤紫で上手く剝かないと衣服を赤く染めてしまいます。真ん中辺を爪で切れ込みを入れて、上半分と下半分を手のひらで握っ

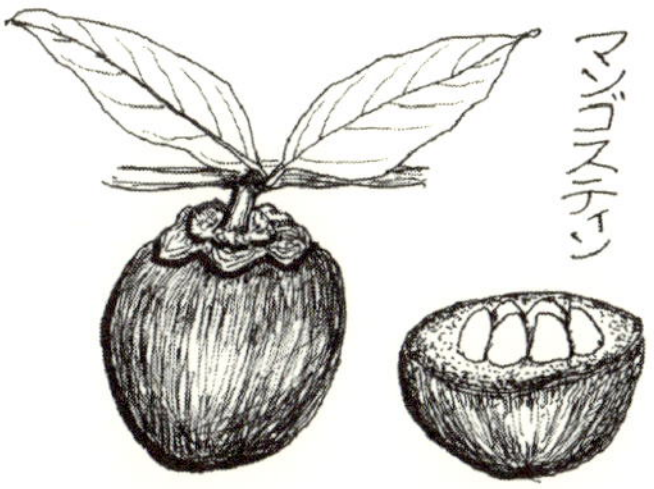

てひねるとパカッと割れて、白く柔らかい実が取り出せます。
　サマリンダのアングール（ぶどう）通りにマンゴスティンの果樹園があって、実が熟する頃、手が届く高さの果実を近所の子ども達が取って届けてくれました。本当はマンゴスティンは高級果実で、市場でも高値で売れるので、ランブータンとは違って勝手に採ってはいけない果実だそうですが、近所の子ども達が取る分には大目に見られているのでしょうか。御礼を言おうにも果樹園主は近くに居ないのだそうです。何にでも珍しがる外国人の私を喜ばせようとして取ってきてくれた子ども達のやさしい気持ちに感謝するばかりです。何か申し訳ないような気がしましたが、樹で熟したマンゴスティンは格別な味がして美味しく頂きました。

トゲバンレイシ（シルサック、グヤバノ）　*Annona muricata*

　西インド諸島原産のバンレイシ科常緑低木果樹。重さ数kgにもなる大きな緑色の果実がなります。甘み、酸味、香りとも申し分の無い果物ですが、果肉が繊維質で、脱脂綿にたっぷり果汁を含ませたような感じです。そのまま食べると口に残るのですが、好きな人は果肉ごと飲み込んでしまいます。ミカンの皮より気にならないと言う人も居ますが、私はカスを残しました。これは搾ってジュースにしたほうが良いと思いました。紙パックにつめられたシルサックジュースは、安くて大量に出まわっていて人気があります。

葉は一五cmくらい、光沢があり観賞木としても使える美しい樹です。ジュースはヨーロッパ人に好まれ、オランダ人が広めたと言われます。ピューレはシャーベット、パンチ、ムースなどに使われ、輸出向け果樹として注目されています。

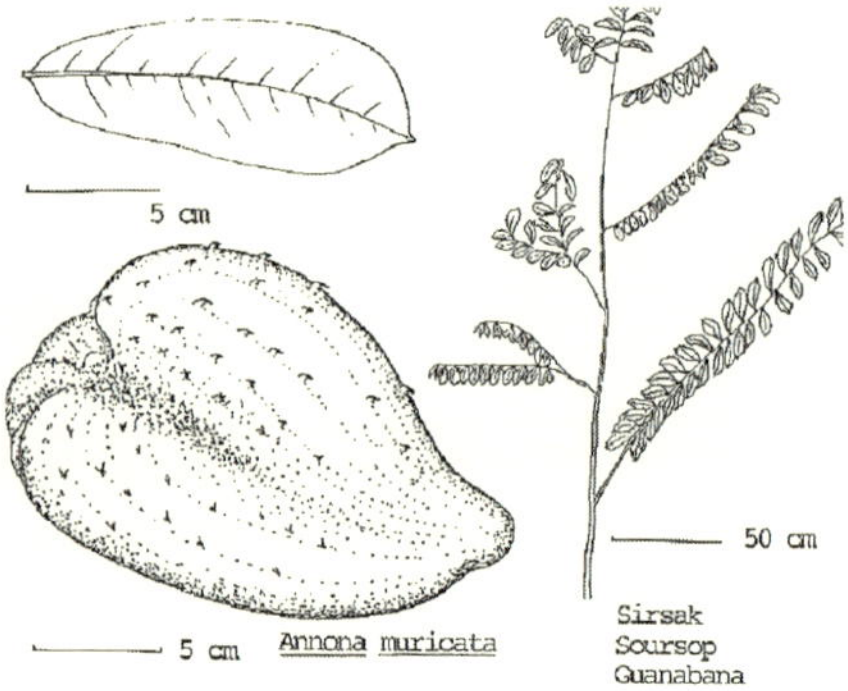

ランブータン *Nephelium lappaceum*

マラヤ原産で熱帯アジアで広く植えられるムクロジ科の果樹です。インドネシアで最も

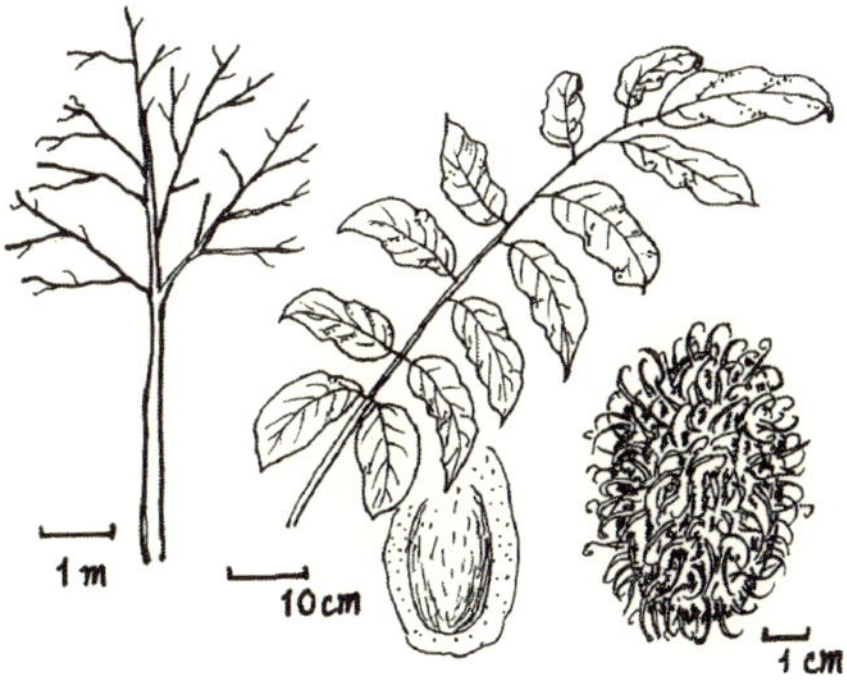

ポピュラーな果物で、一年中出回っています。外果皮が鮮紅色で、肉厚毛状突起が密生しています。これを女性が髪の毛を振り乱していると連想してランブート（髪の毛）と名前が付けられたということです。学名も女神から来ていると思うので同じ発想かと思います。サマリンダではどの家でも植えているので、子供とサルは勝手に取って食べているようです。市場では一束三〇〇ルピアで売っていました。

ゴレンシ（ブリンビン）　*Averrhoa carambola*

マラヤ原産カタバミ科常緑小高木。果実を横に切ると星型になるのでスターフルーツとして売られています。向いの家に一本ブリンビンの木があって日本には無いだろうと採ってくれました。黄色みがかって熟していると言われたのですが大変酸っぱい味がしました。

シャキシャキとしてジューシーな感じは良いのですが、あまり沢山は食べられるものではないというのが印象です。フルーツポンチやサラダに使うと洒落た感じになるでしょう。

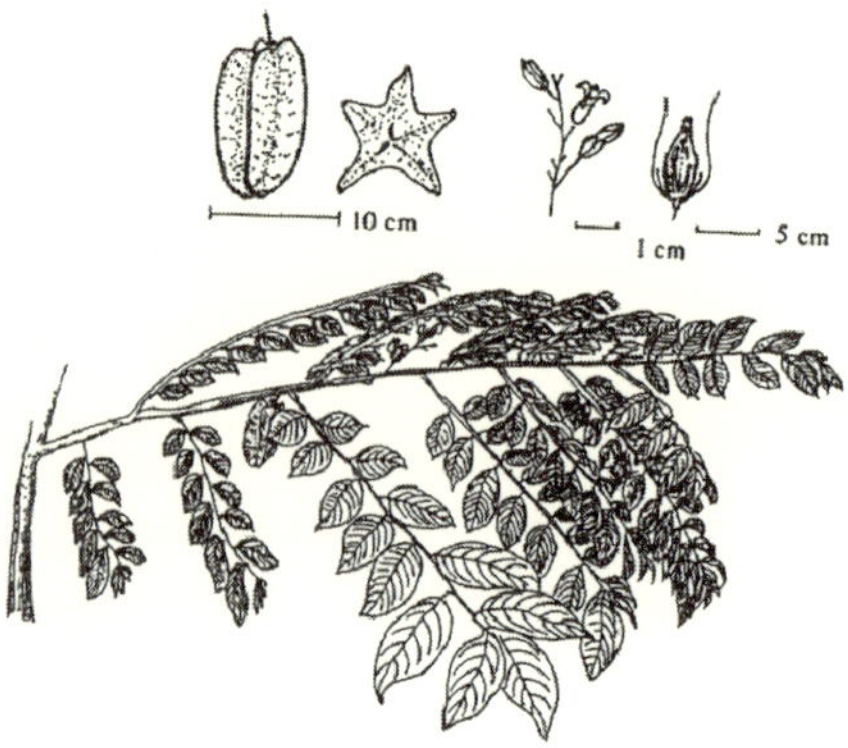

ドリアン　*Durio* sp.

パンヤ科の高木でヒトの頭位の大きなトゲトゲの実をつけます。種子のまわりに甘く香りの強い種衣をつけます。果物の王様と言われるほどの美味で、一度味わった人はたちまちその魅力に取りつかれます。熱帯植物を初めて調査したウォーレスは「ドリアンを食べ

るだけでも東南アジアに旅行する価値がある」と紹介しました。シンガポール植物園を戦争から守ったコーナーも晩年「ドリアンの栽培種を育種したい」と言うほどドリアン好きでした。

ドリアンの樹は高く、果実は熟さないと落ちてきません。落ちて刺の殻がひび割れ、中の種の周りのクリーム状の果肉が取り出されないと食べられません。森の中でドリアンを食べるのはオランウータンです。クタイ国立公園でオランウータンを調査されていたSさんが、森のお土産だと言って両手で持てるだけのドリアンの実を届けてくれました。ドリアンの実を採るには、樹から落ちた直後に走って採らないとオランウータンに取られてしまうのだそうです。樹で熟したものを産地で食べるから美味しいので日本では無理な話です。はるばる日本から「ドリアンツアー」と称してドリアンを食べに来訪された方もおられるのも解かる気がしました。果物の王様といっても、〝やはり森に置けドリアン〟で、改良種や栽培化は考えないほうが良いようです。それでも最近は流通業界の技術革新によって、北海道から注文して十日間くらいで、適度の熟期の新鮮なドリアンが食べられると言います。情報技術と運搬システムによって、熱帯果実の王様も北国で賞味できるようになったと言えるでしょう。

ナンカ（ジャックフルーツ） *Artocarpus heterophyllus*

東南アジアに広く植えられるクワ科の高木です。サマリンダでも大きな果実をぶらさげた大木が目に付きます。初めて研究林でナンカを食べようとしてナイフを取り出したら、現地スタッフに慌てて止められました。果皮に含まれる乳液は粘着力が強く、ナイフでも手でも付いたら取るのに大変なのだそうです。あらかじめナイフに油を引き慎重に切り開きます。パイナップルに似た香りと甘酸っぱい味は、果物として一級品です。

ケレダン　*Artocarpus lanceifolius*

研究林に直径五〇cmはあろうかという大きな樹がありました。クワ科でナンカやパンノ

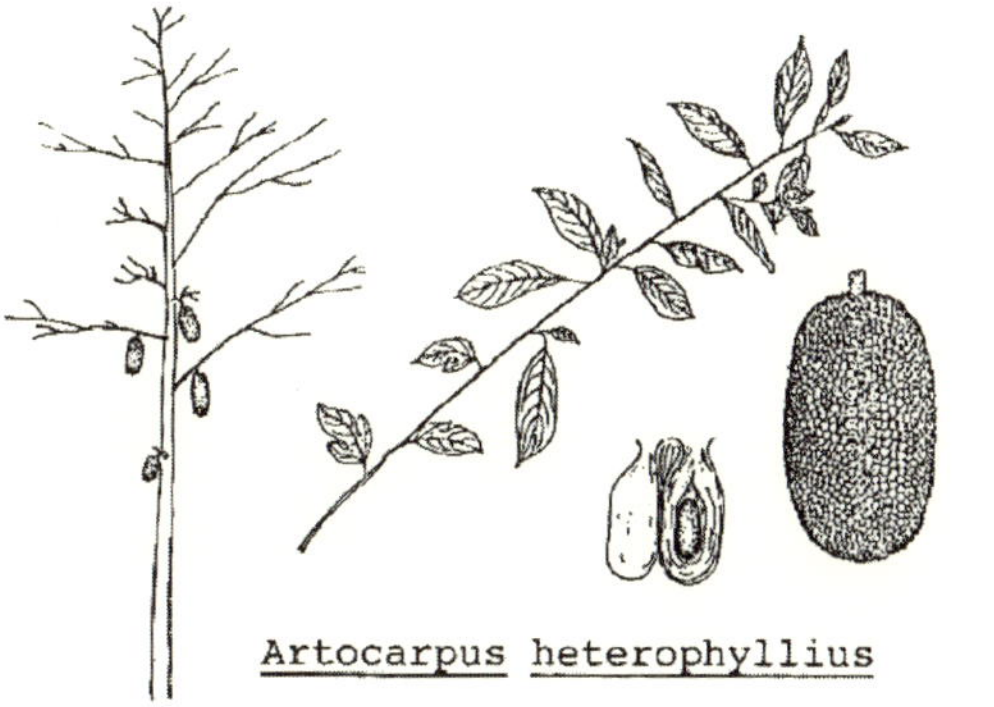
Artocarpus heterophyllius

Nanika ?
What is this ?
Nangka ???
Nangka。
NANIKA??
Mauka ?
"Nangka" sounds like Japanese "Nanika", meaning "What ?"

ナンカって何？

キの仲間です。作業員が見つけて「甘くて美味しい実が成っているから取るか」と聞きます。勿論採取オーケーです。サルのような身軽さで樹に登っていくと、実を取って皮を剥いたのでしょう、厚い皮がバラバラと落ちてきて「エナ！　エナ！(旨いぞ)」という声が聞こえます。そのうちソフトボール大の実がボタボタと落ちてきました。割ってオレンジ色の種衣の部分を食べます。甘くて適度の酸味がある美味しい果物でした。ナンカと違って食べる部分が少ないためか、家の周りに植えて置くことはしないようです。森を歩いて熟した実を見つけた時だけ食べられるご馳走です。

カシュー　*Anacardium occidentale*

ブラジル原産で熱帯各地で植えられるウルシ科常緑高木です。ナッツとして人気のある

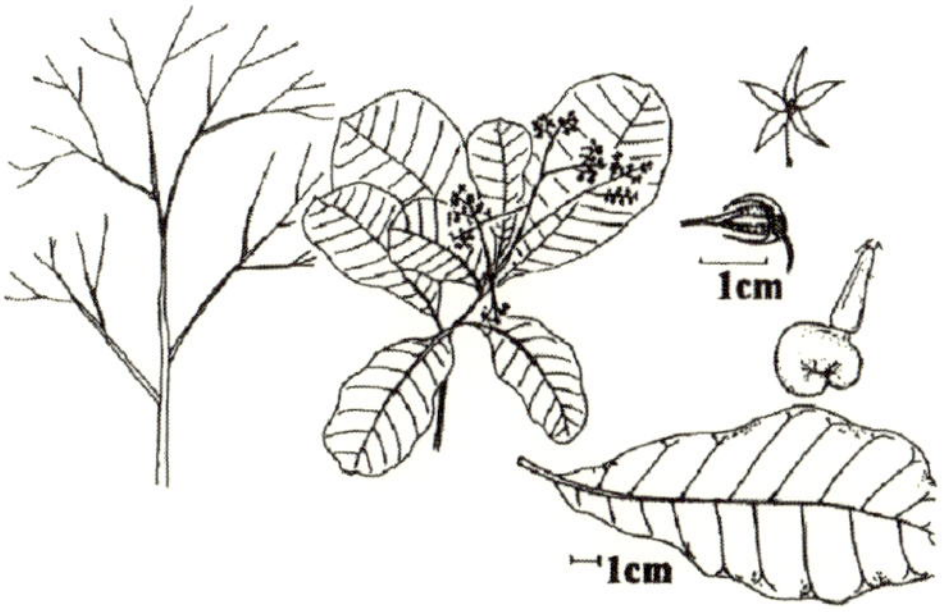

カシューナッツは果実の仁にあたる部分です。カシューアップルといわれる花托の部分が膨らんで、その先端に果実が付きます。アップルの部分も食べられるそうですが、ウルシに弱い人はかぶれる事があるそうです。

カシューはアマゾンの薬用植物といわれ、葉や樹皮も薬効があるようです。熱帯には不思議な植物がたくさんあって、現地の人たちは生活の知恵で使いこなしています。

パパイア　*Carica papaya*

南アメリカ原産パパイア科の低木でどの家でも植えています。庭で三m位に伸びますが寿命は短いようです。その代り種子からの発芽が良く、成長も早いのが特徴です。庭でパ

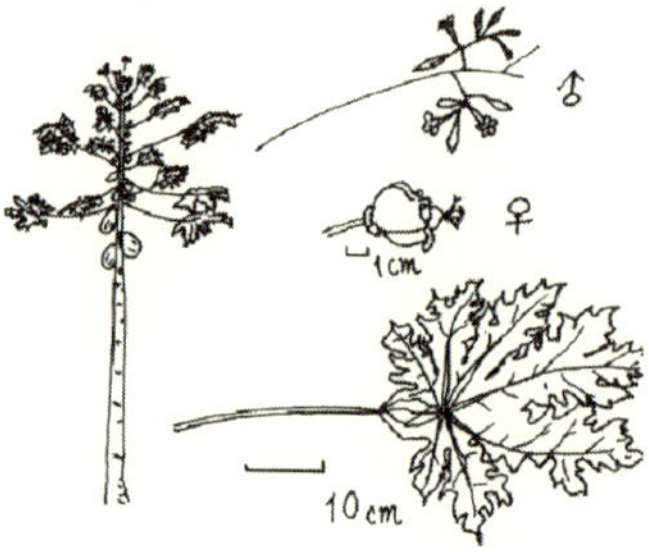

パイアを食べて、種子をそのまま播くと直ぐに発芽してきます。一年位経つと三mにもなって花を咲かせます。庭で食べてから二年目には次の実が成るほどの早さです。樹ではなかなか熟さないので、取って後熟させます。未熟果も料理して使います。パパイアには蛋白質を分解する酵素があるので、肉料理に欠かせません。この酵素を精製して腰痛などの治療薬とするのだそうです。

コーヒー　*Cofefea* sp.

中央アフリカ原産アカネ科栽培低木です。ココヤシ、ゴムノキ、コショウなどと共にボルネオで栽培が試みられましたが、低地熱帯林地域では夜間の温度が高くて不成功に終わったといいます。スラウェシ島にトラジャコーヒーがあるように、何処かにボルネオ秘境コーヒーがあるといいのですが……。

コーヒーは熱帯地域でたくさんの種類が栽培されています。何よりもその土地に適した

種が必要です。インドネシアではロブスター種しか育たないといわれています。コーヒーは実を収穫後、中身を取り出し乾燥させる行程があり、嗜好品だけに高度な技術が求められます。インドネシアでは、外国に輸出できるようなコーヒーはできそうにないのが実態です。農家で栽培・乾燥したコーヒーを、薪火と鍋で焙煎している現場をよく見ます。これを臼と杵で粉に挽いてビニール袋に詰めて売っています。飲む時にはお湯を注いで上澄みを飲むのがインドネシア風です。インスタントコーヒーのほうが高級で高値というところです。

昔コーヒー園として栽培した所が放棄されて、野生化した樹が残っている所があります。ノブタが好んで実をたべるのだそうです。その糞の中に含まれているコーヒービーンズの部分を集めて、上等なコーヒーとして珍重すると聞きました。あまり飲んでみたいとも思えないコーヒーです。

ホウオウボク *Delonix regia*

マダガスカル原産のマメ科常緑高木です。大学の中は勿論、町の中にも普通に見られる葉も花も美しい庭園木です。あまり大きくならず、枝が横に広がるので世界中で人気があります。花はマメ科の特徴である蝶形ではなく5弁に開いて、葉が展開する前に木の上のほうに赤く咲きます。このため英名ではFlamboyant（燃えるような木）と言われますが、Flame tree（火焔木）というのは西アフリカ原産ノウゼンカズラ科 *Spathodea* のことです。ホウオウボクの方は樹形や葉が美しく、庭園向きです。

オオバナサルスベリ *Lageristroemia speciosa*

スリランカ・インド・マラヤ原産のミソハギ科落葉高木です。薄紅色の大きな花を円錐花序につける美しい樹で、街路樹に使われます。サルスベリは日本でも植えられますが、

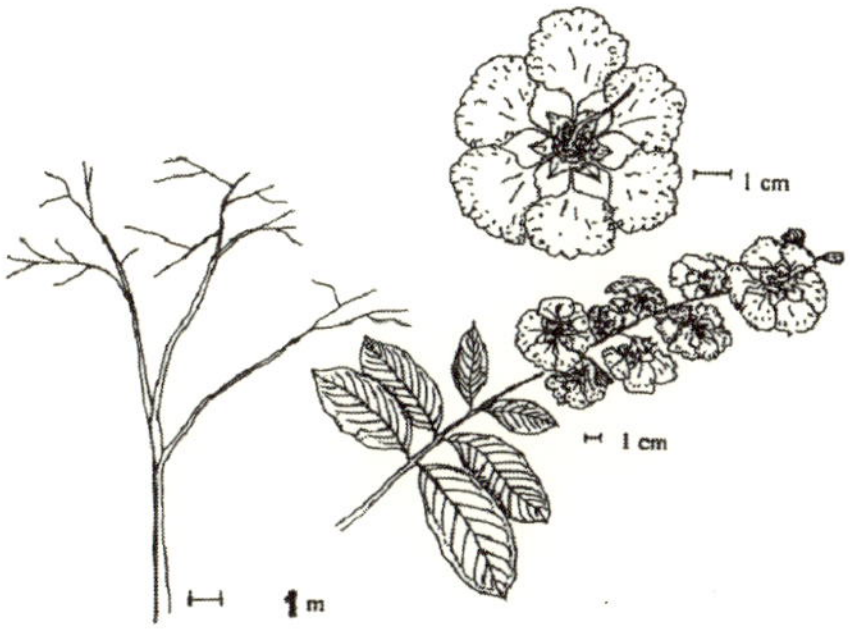

これほど華やかな雰囲気はありません。街の景観を決定付ける熱帯の名木だと思います。百日紅《さるすべり》と言われるように長い間花を咲かせるので観賞用に好まれます。幹は灰色でざらざらしているので、サルが滑るような木肌ではありません。

ハリマツリ　*Duranta pulmieri*

観賞用に植えられるクマツヅラ科低木。サマリンダの庭園に多く見られます。多分市内の造園業者が大量に増やしたものと思われます。ややしな垂れて咲く紫色の花とオレンジ色の丸い実がきれいな三m程の樹です。一本の木で花と実が両方一緒に楽しめるのは熱帯の樹の特徴でしょうか。

針茉莉という名前はどうしてつけられたのか分かりません。茉莉というのは、モクセイ科ジャスミンのことですが、葉も花も似ていません。匂いもありません。タイワンレンギョウともいわれるようですが、レンギョウと似ていると言えば花がつながって咲くことくらいです。丸い実は食べられるといいますが、食べても毒では無いというだけで、甘くも酸っぱくも無く、誰も食べる人は居ないようです。

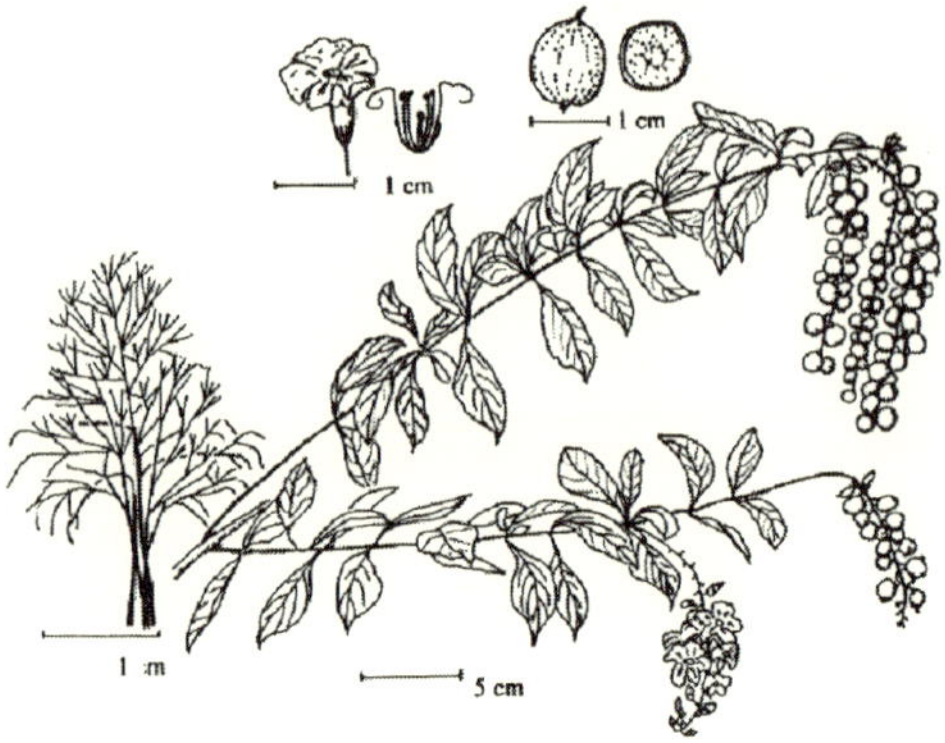

ムラサキソシンカ（ボヒニア） *Bauhinia purpurea*

インド原産マメ科植栽木です。ムラワルマン大学構内にたくさん植えています。サマリンダ官庁街の並木にも使われています。花はマメ科特有の蝶形ではなく、五枚の花弁が開

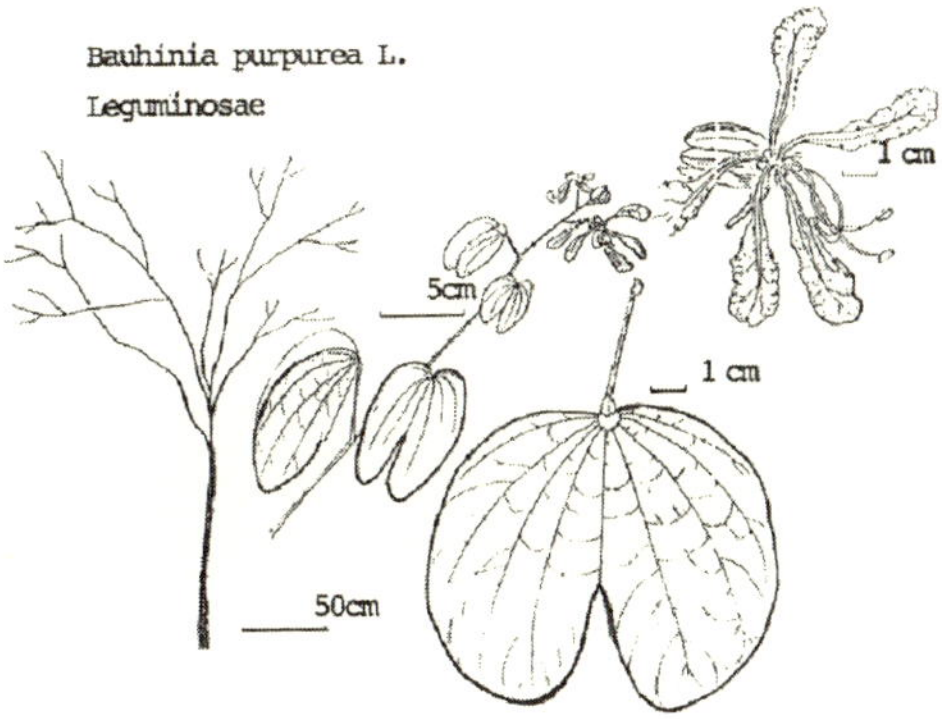

いて中心のオシベ、メシベが長く伸びて目立ちます。石鹸のような爽やかで健康的な香りがして、この木の下に集まる女子学生と良く似合います。

葉は大きく切れ込んでいて、羊蹄形と言われますが、ハート形といったほうがロマンチックで良いと思います。「想心花《ソシンカ》」というのも雰囲気に合っていると思います。学名のボヒニアは葉の形を仲の良い兄弟とみなして付けられたとしています。花はお茶にして飲まれるそうですから、「双心花《ソシンカ》」としてカップル円満の縁起茶としたらどうでしょう。この葉で葉巻をつくるともいいます。ニコチン抜きの香り葉巻なら、嫌煙派も許してくれるのではないでしょうか。

ナツフジ　*Milletia sericea*

研究林の二次林に多いマメ科低木です。赤紫色の総状花序を頂生するので、歩いている

目線の先にきれいな花が目立ちます。強い魚毒性成分を含み、現地の人たちは魚を捕るのに使うといいます。熱帯林の有用植物の一つです。

パサブミ *Eurricoma longifolia*

研究林でも見られるニガキ科の低木です。地上部はヒョロヒョロした低木なのに、根が太く直根が地中深く入っています。現地名でパサ（杭）ブミ（土地）というのは、地中深く入った杭とでもいう意味だと思います。この根が霊効あらたかな強壮剤になるのだといいます。私は果実酒や薬用酒が好きで、いろいろなものを酒にしては喜んでいます。チョウセンニンジンやエゾウコギに匹敵する霊薬になると聞いて、一生懸命掘ってみましたが、

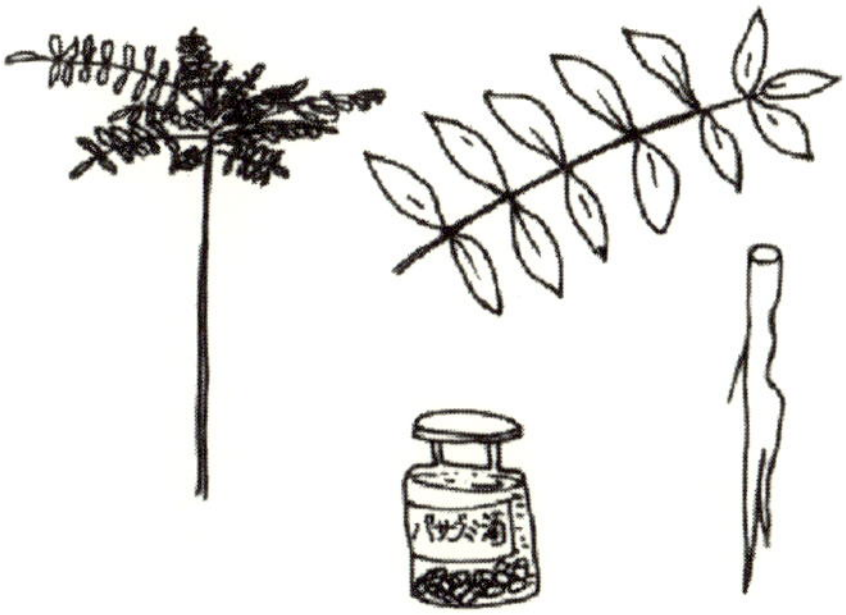

「地中の杭」を抜くのには大汗をかきました。この根は洗って干すと高価で売れるそうです。根を削って煎じると、すごく苦い飲み物になります。これはマラリアの薬だそうです。精力を付けてマラリアの発症を抑える効果があるのでしょうか。私が漬けたパサブミ酒は苦くて誰も飲んでくれません。一人でチビチビなめるように飲んでいますが、飲みすぎないため良薬になったのか、マラリアにもかからず元気に過ごしています。精力増強効果は残念ながら実証できないでいます。

「ボルネオの森に秘薬を求めて」深井勉（二〇〇〇）によりますと、トンカット・アリ（和名ナガエカサ）として取り上げられています。やはり男性の性欲増進に効果があるとされています。

ヒメコンロンカ *Mussaenda glabra*

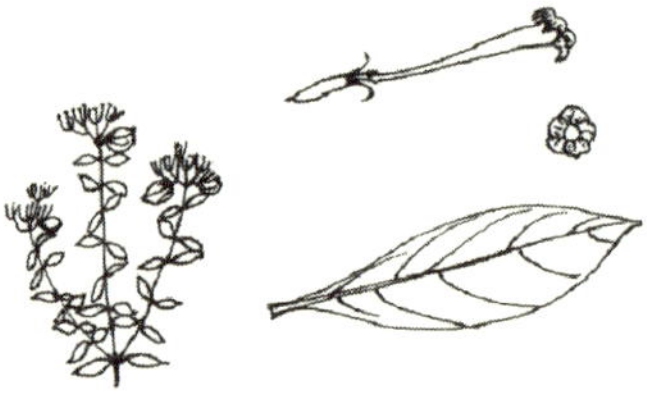

林道沿いなどに美しい花を咲かせるアカネ科低木です。橙色散房花序を取り巻いて大きな白い萼が効果的です。この白い萼を崑崙山の頂の雪に見立てて名前が付いたといわれ、アブラナ科コンロンソウと同じ発想です。でもこのムサエンダのように雪を連想することが難しい熱帯植物の名前としてはそぐわないと思うのですが、願望からつけたのでしょうか。北国から来た者としては、「白い雪」と言われるだけでホームシックです。

アフリカには白い花を取り巻いて赤い萼がある赤白反転種があるそうです。園芸的にはいろいろな組み合わせで美しい品種が創り出されています。

ナンヨウノボタン（メラストマ）*Melastoma malabathricum*

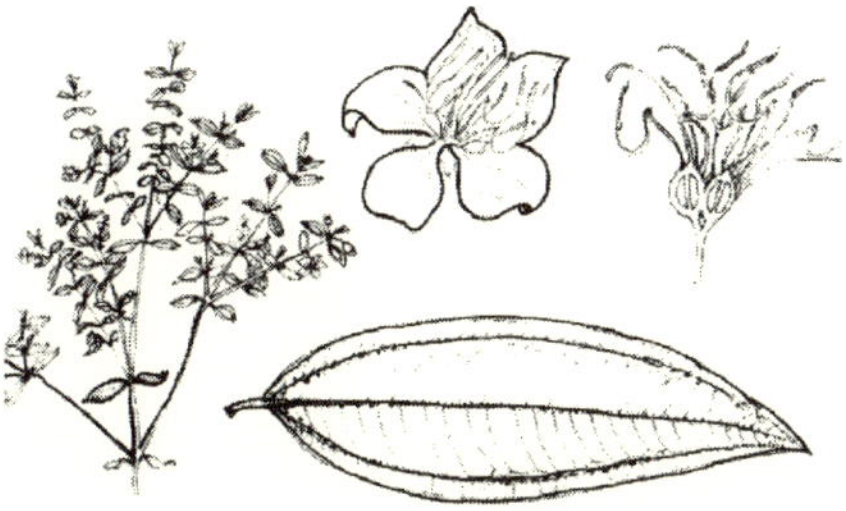

道端や空き地に普通に見られるノボタン科低木です。紫色の大きな花を咲かせます。三本の葉脈が目立つ特徴ある葉も観葉植物のようです。

ノボタン科は世界に二百属、四千種もあるという大きな科で、ノボタン属だけでも八〇種あるそうです。小笠原父島のムニンノボタンは絶滅危惧種として有名になってしまいましたが、古くから父島で隔離分化してきたムニンノボタンの代りはありません。道端に何処までも生えているノボタンを見て植物の世界の不思議さを感じました。

オオアリアケカズラ（アラマンダ）*Allamanda cathartica*

南米原産のツル性木本で大きな黄色い花をたくさんつける植物です。サマリンダの老舗メスラホテルのプールに面したレストランの天井一面がアラマンダで覆われています。ス

Allamanda

コールの時には屋根のある所に避難しなければなりませんが、いかにも熱帯のリゾートホテルという雰囲気になっています。枝を挿しておけば簡単に増えるので、何処にでも生えています。キョウチクトウ科で有毒植物だといいますが、南米では葉を煎じた蒸気を、咳の薬として使うようです。

属名のアラマンダは美しい響きで、黄金色に映える大きな花の名にぴったりですが、語源は植物学者の名前からきているそうです。

シダノキ *Filicium decipiens*

熱帯地域で園芸種として栽培されるムクロジ科常緑中高木です。サマリンダの植木屋で人気があり、一鉢二千ルピアで売っています。苗木としては高値ですが、良く売れているようです。大学構内にも多く、美しい樹形が大学の雰囲気を高めています。

名前はラテン語の filix（シダ）から来ていますが、俗称としてジャパニーズ・ファーンツリー（ニホンシダノキ）とも言われるそうです。なんでジャパニーズなのか分かりませんが、雰囲気が優雅で日本風なのかもしれないと勝手に思っています。

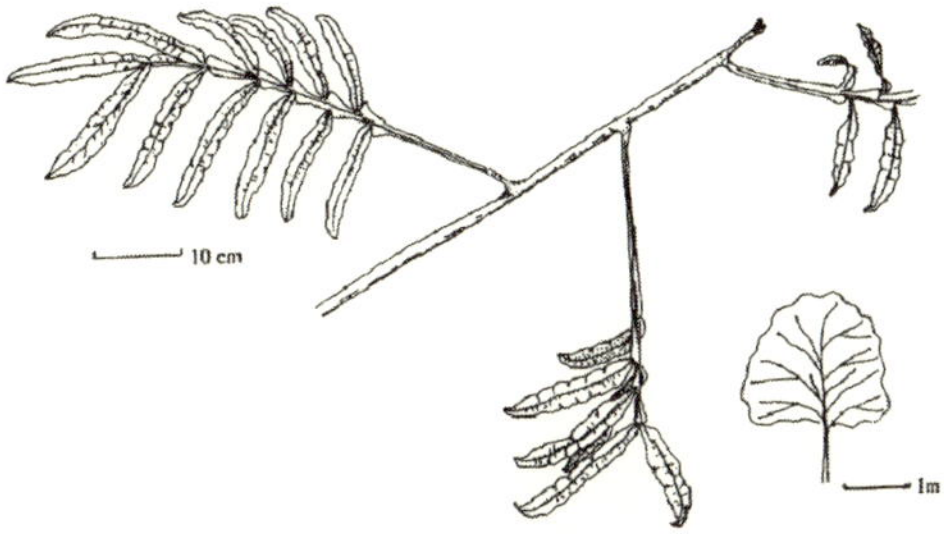

モダマ　*Entada phaseoloides*

東南アジアに普通な大型のマメ科ツル植物です。長さ一m、幅一五㎝くらいの大きな莢をつけ、丸く平べったい種子が入っています。子ども達はこの種子でコマを作って遊びま

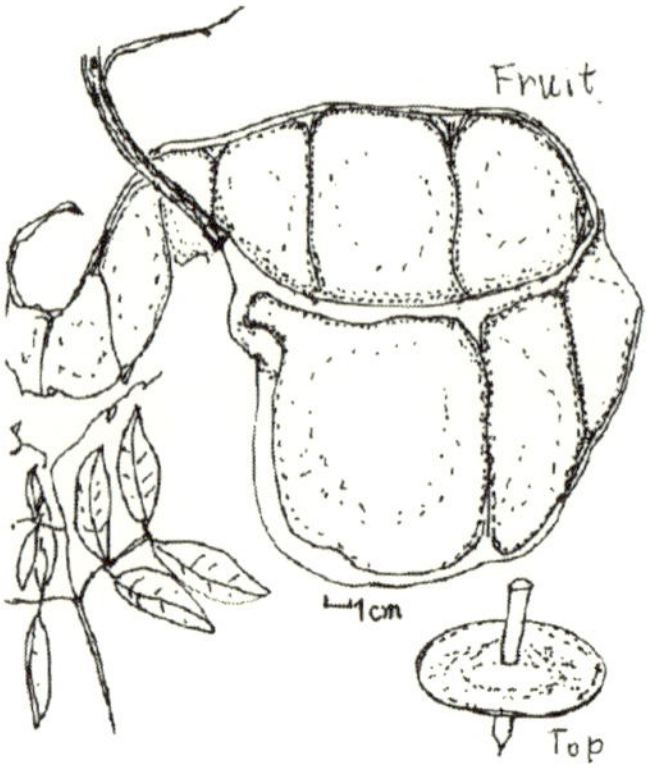

す。近所の子が持ってきてくれましたが、あまりに大きいので押し葉標本につくれません。小さい子の顔ほどの大きさがあります。写真を撮ってスケッチだけして返しました。

ブドウの一種　*Plerisanthes* sp.

ブドウ科の野生種です。北海道のヤマブドウに似ていますが、直径二cmもあろうかという大きな粒の実をつけます。

巨峰のような味を期待したのですが、残念でした。甘味も酸味も香りもありません。現地の人はサルも食わないと言います。果実酒になるだろうと、ウオッカに漬けてみましたが、僅かに色が付いただけで、スーパーで買った貴重なウォッカが、かえって不味くなったと不評でした。

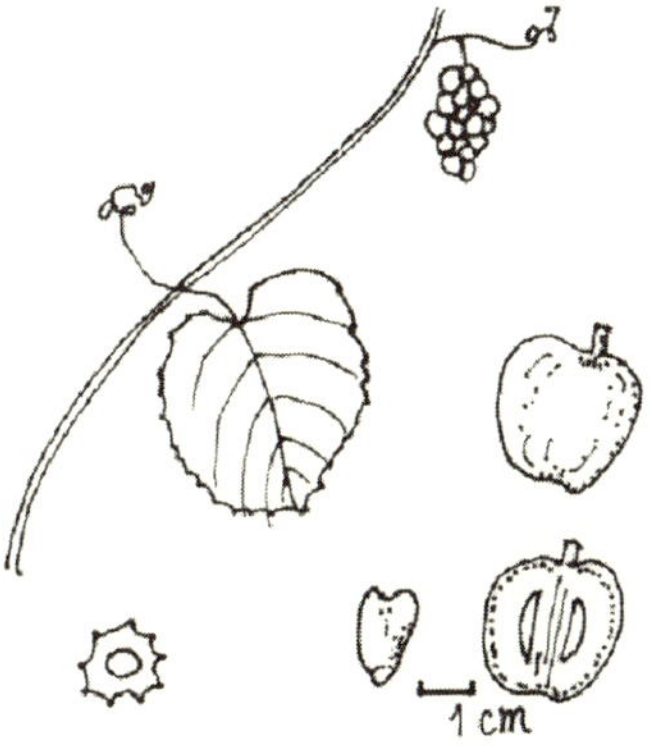

ウツボカズラ　*Nepenthes* sp.

クランガスと言って石英砂が露出するような瘠せ地に出てくる食虫植物です。ルンパケ研究林の湿った林縁に僅かですが生えていました。キナバル山の登山道の途中でも見ましたから、海岸に近いところから標高の高いところまで生えるようです。六〇種もあるというウツボカズラですが、ボルネオが分布の中心のようで、アフリカや南米の熱帯にはありません。

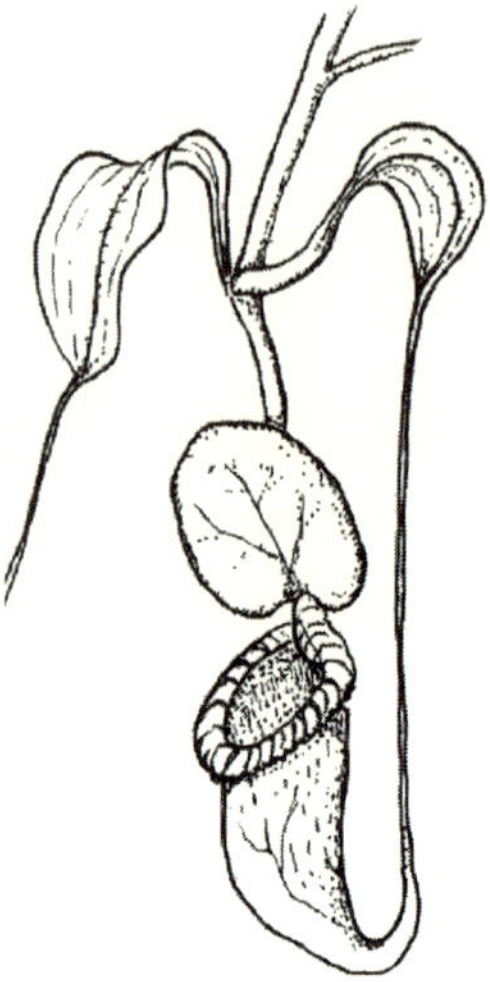

葉が変形した捕虫袋が目立ちます。英語ではピッチャープラントと言うように水差し形をしていて、ご丁寧に蓋までついています。長い進化の過程でこんな精巧な「水差し」を造るなんて生物の不思議さの一つです。瘠せ地に生えるのは、不足する栄養分を、捕虫袋で捕まえた虫で補おうと言う戦略です。肥沃な場所では他の植物に負けて生きて行かれないのです。

日本から来た学生グループがマハカム川を遡って旅行をした時に、クランガス植生の森でウツボカズラの捕虫袋の水を飲んだと聞いて驚きました。食虫植物は捕らえた虫を消化液で分解し養分を吸収すると聞いていたので、お腹を壊さなかったか心配しましたが、ミネラルウォータのようで美味しかったと言っていました。捕虫袋の水を飲むとは勇気のある学生達でしたが、お蔭で袋の中の水は強い消化液ではなく雨水が溜まったような水であることが実証されました。

オオホザキアヤメ（フクジンソウ）　*Costus speciosus*

アヤメと名がつけられていますが、ショウガ科やクズウコン科に近いオオホザキアヤメ科に属する草本です。研究林にもありましたが、ムラワルマン大学のゲストハウスの庭に生えていました。英名でスパイラルジンジャーといわれるように、葉が螺旋状に着いていて茎も湾曲しているので目立ちます。頂点に穂状花序をつけ白く香りの良い花を開きます。花弁を取り巻く部分が赤いので園芸種のような雰囲気があります。ゲストハウスに植えられている株も野生種を移したものと思われますが、日本では栽培が難しい植物だと言われています。

トキワススキ　*Miscanthus japonicus*

ブキットスハルト研究林に行く自動車道路の両側にたくさん生えていて、阿蘇くさなみハイウェーのような景色の所があります。日本から来た学生が「日本の秋と同じですね」

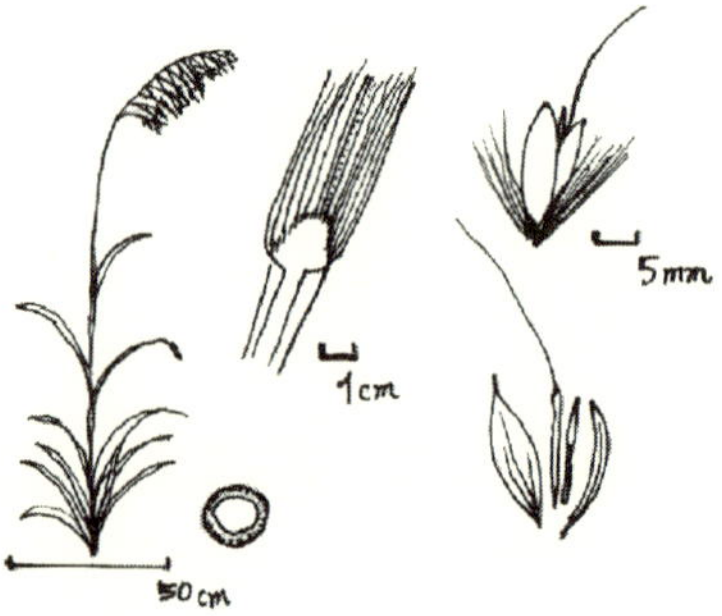

と言っていました。しかし、一年中ススキの穂がでているのは季節感が無く変な感じです。標本を作ってボゴール植物園で同定してもらったら *M. japonicus*（ニッポンススキ）とのこと。日本のススキは *M. sinensis*（シナススキ）ですから、ニッポンススキは日本を追い出されてインドネシアに来たのかと思いました。調べてみたら *M. japonicus* はトキワススキ（*M. floridulus*）のシノニム（同義語）でした。トキワススキはススキやオギとよく似ていて穂の主軸が長いか短いか程度の差で分けているようです。年中暑い所で、シンと冷え込んだ中秋の名月に団子とともに供えられるススキとは大違いだなと毒付いています。

チガヤ（アランアラン） *Imperata cylindrica*

熱帯から亜熱帯にかけて広く分布するイネ科草です。「森の住人」というよりは、森が伐られてなくなった空き家の住人と言うべきでしょう。多数の小穂が円筒状の総状花序をつ

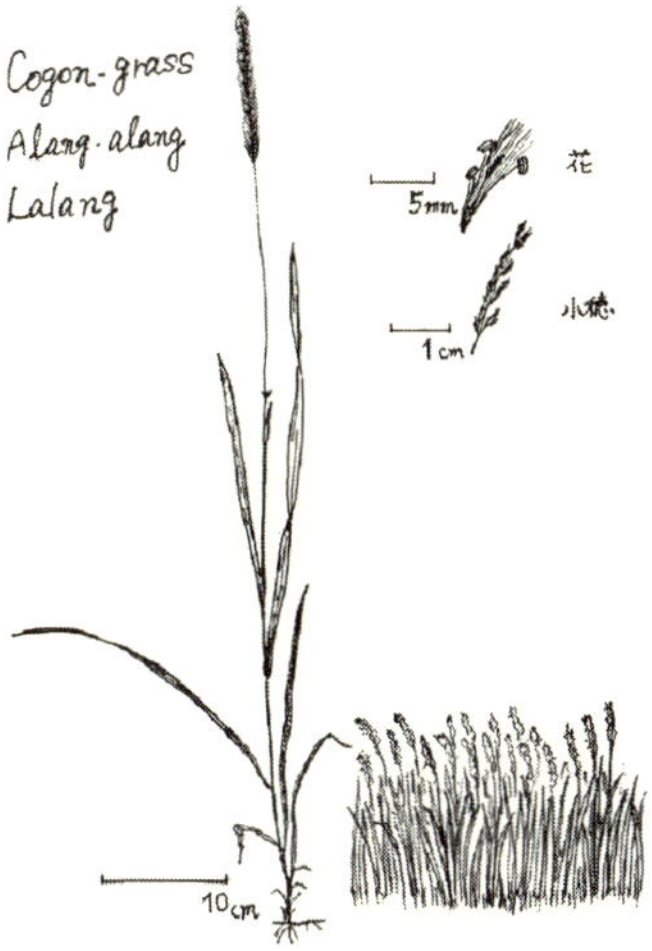

くり、穂全体が外穎基部の長い毛のために綿毛に包まれた様に見えます。広い草原に白い穂がたなびく様子は独特の景観となります。

瘠せた土地の森が破壊されるとアランアランに覆い尽くされて森の再生は望めません。焼畑を頻繁に繰り返すと、樹が再生せずにアランアラン草原になってしまうこともあります。土地利用の上で、このような草原をどう扱うかが問題になっています。

アメリカハマグルマ　*Wedelia trilobata*

南アメリカ熱帯原産で熱帯各地に栽培や野生化して分布するキク科草。黄色い舌状花がクルマ状に開いて美しく、大きな鋸歯の葉が密生してグランドカバー植物として好まれます。空地や林縁に野生化していますが、元は栽培されていたものが逃げ出したのだと思います。

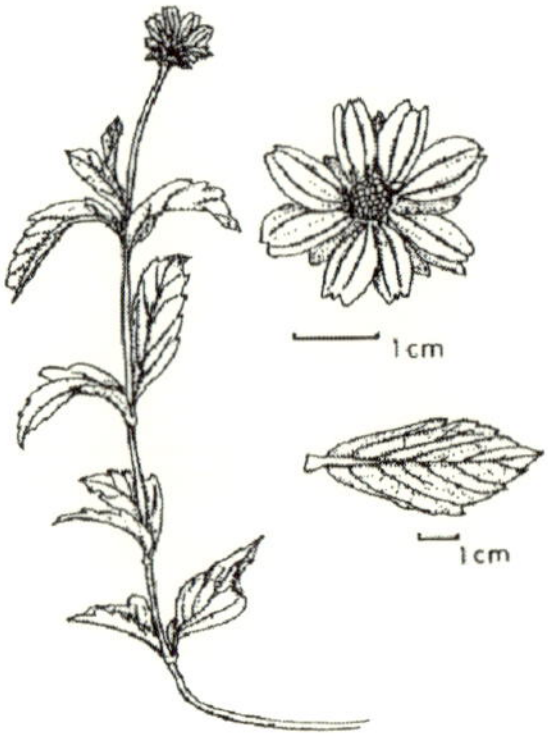

カッコウアザミ（アゲラタム） *Ageratum conyzoides*

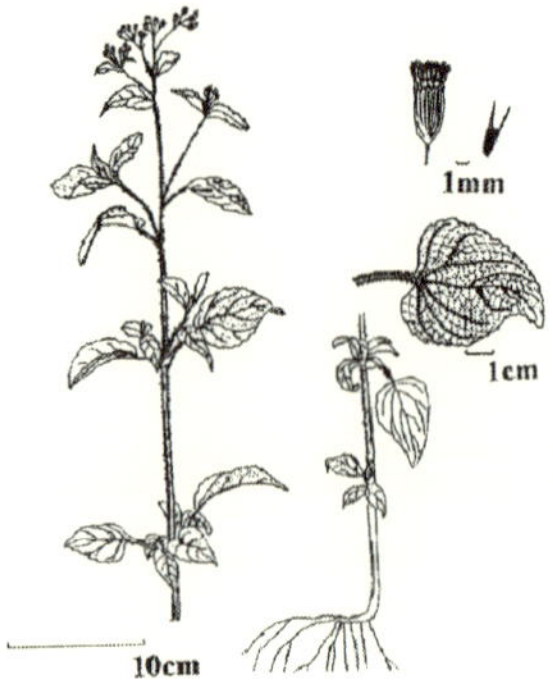

熱帯アメリカ原産で世界中に広がるキク科多年草です。日本では紫色の花が好まれて、花壇などに植えられます。研究林で林道を工事したところ、路肩に一斉に生えてきました。東南アジアではいたるところ雑草化して、始末の悪い帰化植物になっています。インドネシアにいつごろ入ってきたのか分かりませんが、薬草として使わ

れています。ツンと来る臭いがして、悪臭とも薬の臭いとも感じ方はわかれますが、独特のにおいがします。このにおいが利くのか、傷薬や頭髪の手入れ用に使われます。インドネシア語でこの草をタヒ・アヤム（鳥の糞）というのは嫌われている臭いのせいだと思います。K先生はこの草が薬草だと聞いて、研究所から自宅に移植したところ、メイドが「こんな雑草を庭に植えてはダメ」と引き抜いて捨ててしまったそうです。

アルタネマ属　*Artanema angusifolium*

熱帯アジアやアフリカに自生し食用とされるゴマノハグサ科の草です。大学構内の苗畑で、やや湿地がかったところに生えていました。紫色の花が美しいので採ってきてしらべましたが、あまり情報の無い植物で、本によってはオオバコ科だともいわれます。和名も分かりません。*A. longifolium* という種類もあって、アフリカやスリランカで栽培されているようです。葉の形が長葉と細葉の違いだというのではっきりしません。インドネシア語ではセサウイ・パッシールというのだそうですが、ゴマ粒野菜とでも言う意味でしょうか。学名でもゴマに似ているというラテン名が同意語で付けられています。これは球状蒴

ハスノハヒルガオ　*Merremia peltata*

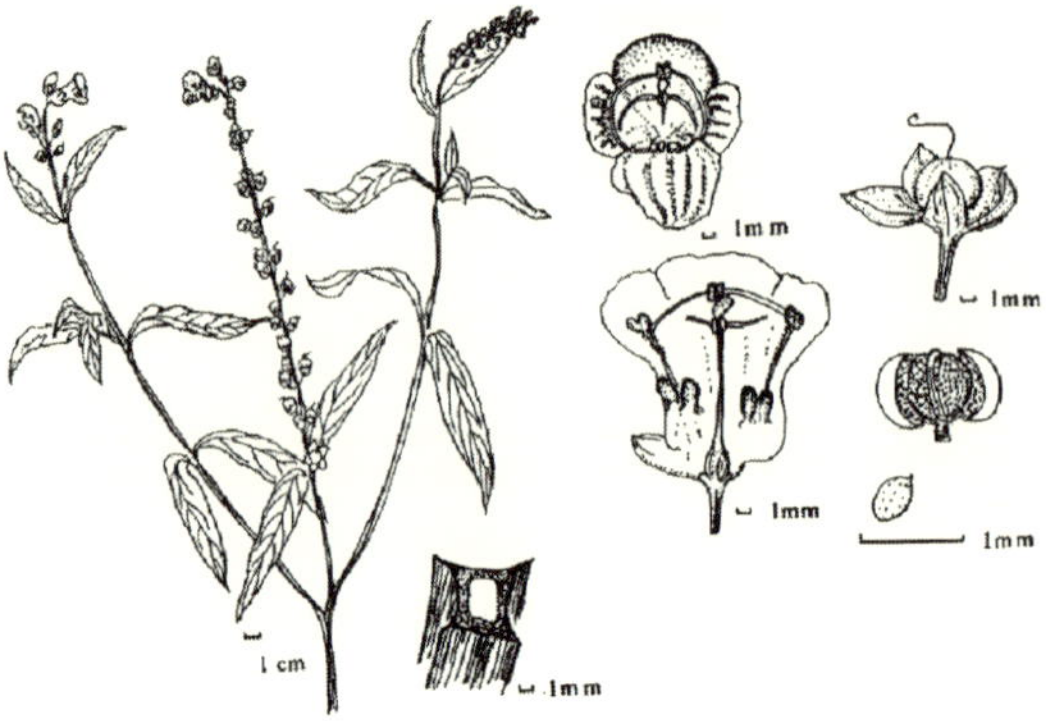

研究林の荒地に旺盛に繁茂するヒルガオ科のツル植物です。日本のヒルガオは可憐な花

果の中に小さな種子が入っているから付けられた名前かと勝手に思っています。食用にするのは若い葉のようで薬用にもなるそうです。

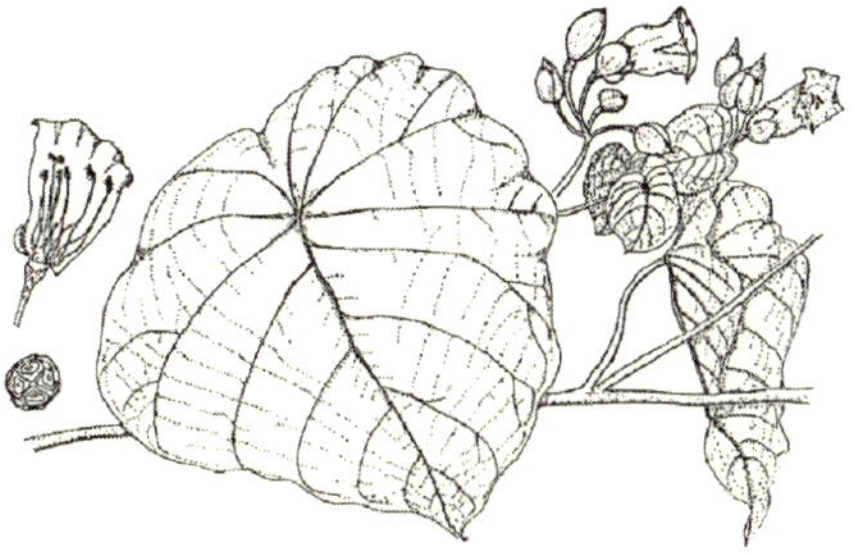

と草形で好まれますが、熱帯ジャングルの中では怪物のように振舞います。伐採や山火事跡ではあっという間に広がります。長く伸びた茎からすぐに根を出し、縦横無尽に広がっていきます。葉も茎も無毛ですが肉厚で若い時期には葉柄や葉脈が紫がかった色をしています。

長くて強い茎はロープの材料として有用です。根は下剤としての薬用効果があり、掘り取って使われます。家畜の餌としても使われるようです。オランウータンの生態を調査していたS先生の話では、大きな山火事後にオランウータンは果物など食べるものが無くなって、ハスノハヒルガオばかり食べていたそうです。日本の戦後食糧難の時に、サツマイモのツルを食べた経験のある人は、同じヒルガオ科のツルが食糧難を救う大事な食べものだということで、オランウータンの窮状に同情するのではないでしょうか。

クダモノトケイ *Passiflora foetida*

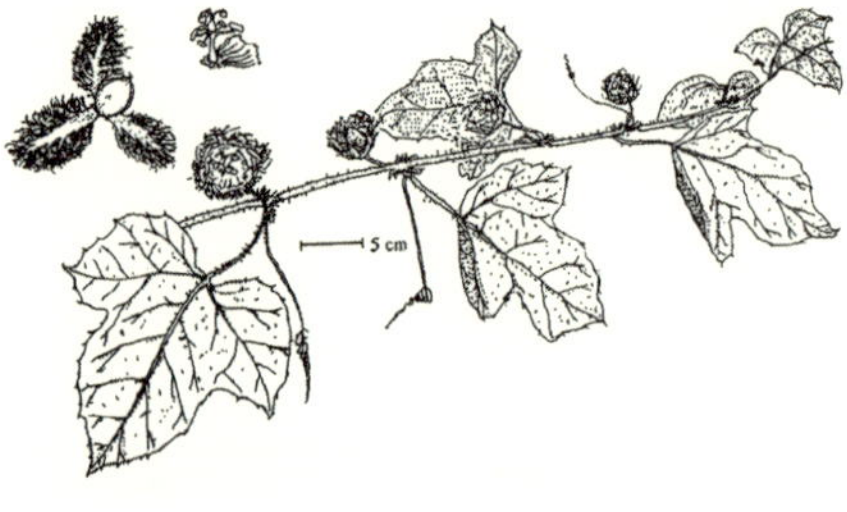

ブラジル原産で熱帯各地に自生するトケイソウ科ツル性草本です。ヤサイトケイともいわれ、果実は生で食べられます。インドネシア語では Timun dendang と言いますが、楽しみキュウリとでもいう意味でしょうか。研究所のインドネシア人スタッフは口をそろえて、「子供の頃には良く食べたもんだ、懐かしいね」といいます。実際には大人になって食べてもちっとも旨くない……幼年期のレトロ・ワイルドベリーというものでしょう。

ヒメボウキ（クマンギ） *Ocimum canum*

シソ科の香辛植物でバジルです。普通栽培されるバジルは、スウィートバジル（*O. basilicum*）ですが、インドネシアのクマンギはホーリイバジルといって微毛が生える種類

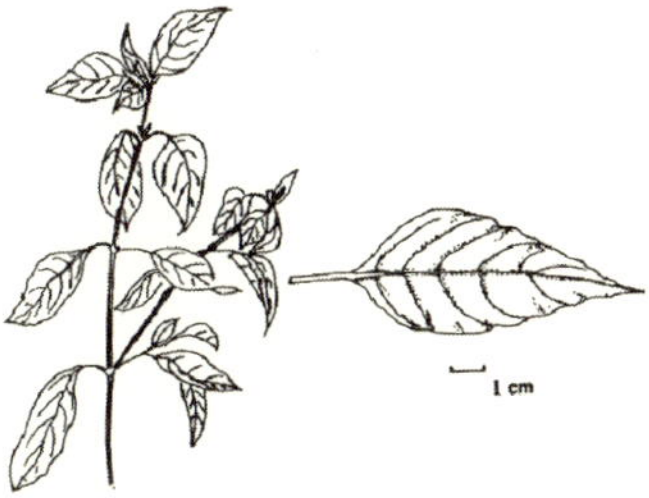

で香りも強烈です。インドネシア料理にはクマンギが必ず付きます。強い香りとしびれるような辛さが特徴で、これをムシャムシャ食べられるようにならないとインドネシア通ではないといわれます。さらにトウガラシ（チャバイ）もそのままかじれないと仲間に入れてもらえません。両方ともどの家でも庭先に作っていて、食事のたびに新鮮な辛さが添えられます。種子は水に浸すとゼリー状になり、デザートなどに好まれます。和名の「目箒」と言うのは目薬として使われるためで、ヒンズー教の聖草になっています。健胃効果、強心作用があり、クマンギを良く使うのは熱帯地方の生活の知恵なのでしょう。

ホナガソウ　*Stachytarpheta jamaicensis*

熱帯アメリカ原産ですが熱帯地域に広く帰化雑草として分布するクマツヅラ科常緑草本です。サマリンダでは路傍や空地に普通に見られます。日本でも沖縄や小笠原諸島に古くから侵入していたようです。細長い花穂に青色のきれいな花を順番に咲かせます。S.

speciosa と言う種は、改良されて園芸用に栽培されています。いくらきれいな花でも、外来種がはびこるのは困りものです。小笠原では開発によって樹が伐られた後に、ホナガソウが広がって、在来種が絶滅する心配が起きているといいます。

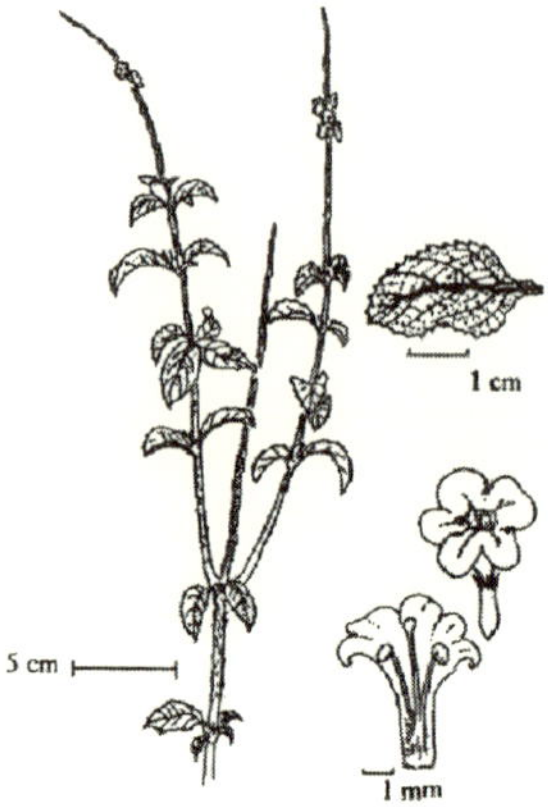

シチヘンゲ（ランタナ）*Lantana camara*

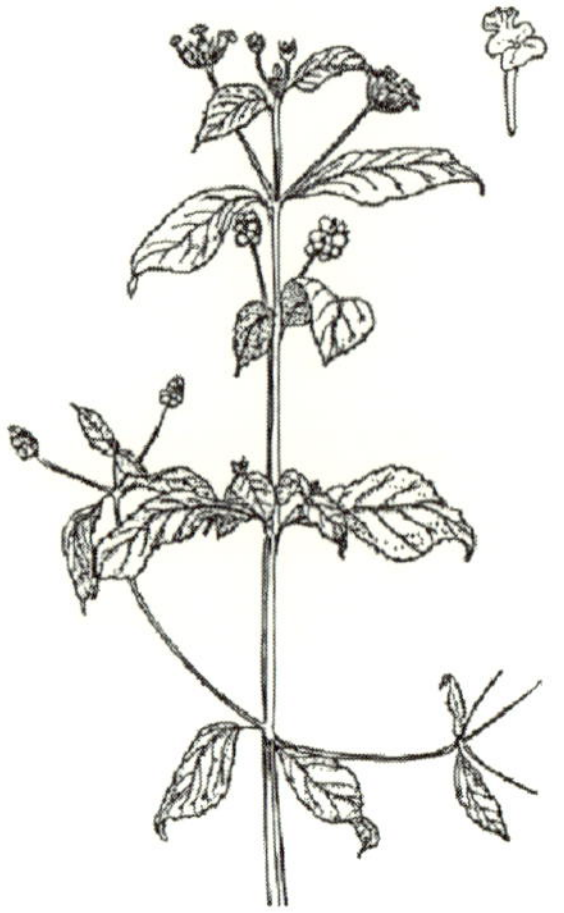

熱帯アメリカ原産クマツヅラ科低木で熱帯各地に帰化しています。最低気温が10℃以上なら何処にでも分布します。ムラワルマン大学構内でも植えたわけでもないのに路傍や空地にたくさん生えています。筒状の小さな花を球状花序につけ、時期によって花の色が変化します。ア

ジサイの花の色の変化よりも凝っていて、七色に変化するので七変化と名前がつきました。まるでビーズをちりばめたようで観賞植物として人気があります。ところがマレー語ではブンガ・タヒアヤム（鶏糞花）といって、臭いが嫌われています。香水と悪臭は紙一重というように使い方ではスパイスとして有望植物になるのではないでしょうか。

実際「黄色いセージ」として果実をスパイスとしているところもあるようです。名前が七変化ですから、匂いもいろいろ変化するのかもしれません。

オジギソウ（ミモザ） *Mimosa pudica*

スリランカに雑草生態専門家として派遣されていたMさんが、『スリランカ植物図集』を出しました。その中で、日本だったらお金を出して買う植物が熱帯では雑草としてどこにでもあると書いていました。代表的なものにランタナ（*Lantana camara*）［シチヘンゲ］、アゲラタム（*Ageratum conyzoides*）［カッコウアザミ］、とこのミモザを挙げています。

私も小学生の時に縁日でオジギソウの鉢植えを買ってもらって育てたことがあります。触れると動物のように敏感に動く植物に感心しました。

原産はブラジルですが、熱帯各地に広く分布しています。ムラワルマン大学キャンパス内も、路傍はこの草で敷きつめられています。わが家の裏庭でもオジギソウがはびこっています。日本で売っている鉢植えのものとは、似ても似つかない太くて大きく、オジギソウのジャングルのようになります。触れると葉をたたみ、葉柄を下に垂らすのは鉢植えのものと同じですが、大きく広がっているだけに、あたり一面パッと葉が消えて枝だけになってしまいます。まるで忍者の世界です。

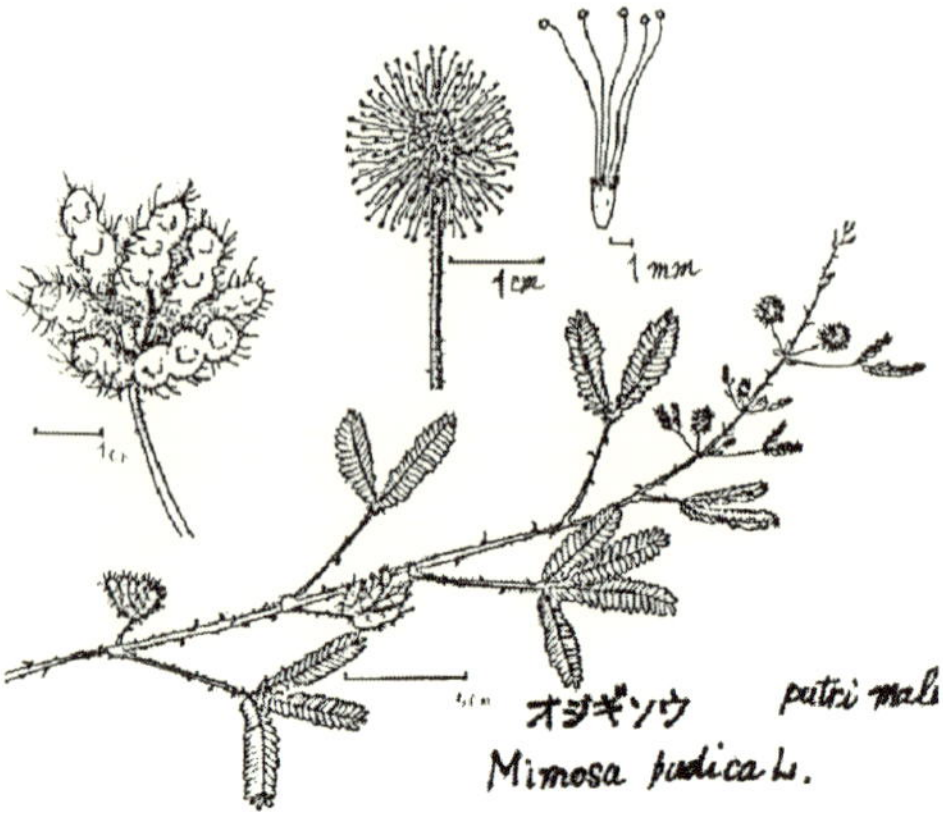

触ると葉を閉じ枝を傾ける運動を起こす様子は、動物の神経に似た感じですが、どういう反応で刺激が伝わっていくのか不思議です。動物が触ったり、風が吹いたりすると葉を閉じるのは、損傷被害を少なくするこの植物なりの戦略なのかも知れません。標本を採ろうとすると必ず閉じてしまうので、葉を開いた状態の標本は作れないのは困りものです。

花はピンク色球状で、一年中咲いています。裸地や荒地の侵食防止緑化に種を播いた所もあるそうですから、はびこるのも無理ありません。

インドネシア語では puteri malu（羞ずかしがり屋の女性）といいます。学名の pudica も羞らうという意味で、中国語で含羞草と言うのと同じです。熱帯のミモザは名前とは違って恥ずかしがりません。

ミモザの仲間にもっと逞しい種類があって、オオトゲミモザ（*M. invisa*）はトゲが沢山ついて二m以上にも伸びます。小葉が一一〜一三も密生し立ち上がっています。キダチミモザ（*M. sepiaria*）と言う低木は三mになり、葉に触れても、羞ずかしがって閉じたりはしません。怪獣ママゴンという雰囲気です。

【動物】

マハカムカワイルカ

マハカム川中流域のスマヤン湖で見ました。マハカム川は九八〇㎞の長さがあって七六の湖がありますが、スマヤン湖は二番目に大きい湖です。船で湖の中程までいきエンジンを止めて静かに待っていますと、水面にサッとさざ波が立って、丸い頭ととがった背びれが現れました。クジラと同じように息を吹き上げています。海ではないので潮吹きとは言わないのかも知れませんが、悠然と泳ぐ様子は太古の昔から続くリズムかと思うと感動しました。ヒトと同じくらいの大きさに見えましたが、ドイツのDavid Boyce（1983）によれば、体長二m体重一〇〇kgはあるといいます。Boyceは、マハカムカワイルカはネズミイルカ（*Phocaena phocaena*）ではないかと書いていますが、体型は似ていてもネズミイルカは北半球の冷たい海に棲むというので違うようです。その後イラワジカワイルカ（カワゴンドウ）（*Orcaella brevirostris*）という種類であろうと教えていただきましたが、研究者ことだけでも世界遺産的価値があります。

から直接聞いたわけでもないので正確なところはわかりません。ハクジラ類は二千五百万年前に出現し、生きた化石とも云われる哺乳類です。マハカム川に地質年代から生き続けている生物が居る

カニクイザル　*Macaca fasicularis*

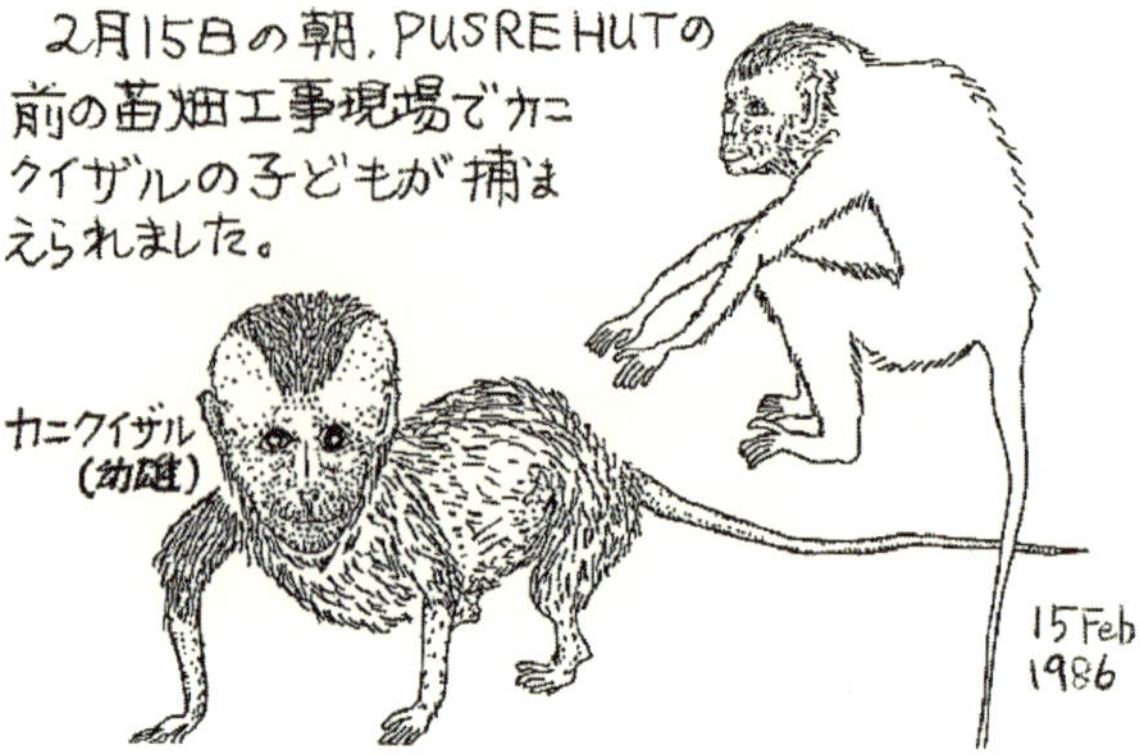
2月15日の朝、PUSREHUTの前の苗畑工事現場でカニクイザルの子どもが捕まえられました。
カニクイザル（幼雄）
15 Feb 1986

東南アジアに広く分布し、ボルネオでも普通に見られるサルです。蟹食い猿と言っても、カニだけ食べると言うものではなく、雑食性です。人間が与える餌も良く食べて人になつきます。研究センターの苗畑工事現場で仔サルが捕まえられました。周辺は自然林で、カニクイザルの群れが棲んでいるようです。仔サルはバナナをもらって食べたり、水を飲んだりして元気に走り回っています。仔サルは一匹一万ルピアで売れるのだそうです。本当は野生動物をペットとして飼うのは良くないのですが、人になついで愛嬌を振りまく仔サルを前に、森に還してやれと言い出せずにいました。ムラワルマン大学キャンパスの自然林には、大きなニシキヘビやイノシシのようなノブタも居るといいます。「サル

の大学」をキャッチフレーズにしたら人気が出るのではないかと提案したところ、「サルを教えている大学」ととられて逆効果だと反対されました。

テングザル *Nasalis larvatus*

マハカム川の河口にテングザルを見に連れて行ってもらいました。サマリンダ港から船で下ります。河口近くの川岸の林は疎林程度にまで切り開かれていました。その奥はエビ養殖場だそうです。これではテングザルも棲めないのではないかと思いました。地図で見るマハカム河口は巨大なデルタ洲が発達していますが、古くから人間が住んでいて、古代遺跡だと案内された場所に上陸しました。漁労中心の部族が住んでいた跡のようでした。テングザルは人間が撹乱しなかった川辺の森に棲んでいました。夕方になって数十頭規模の群れが樹の上から船を見ている様子に満足しました。テングザルはマングローブの葉のように他の動物が食べないようなものを餌としてい

ます。マハカム川の中流域まで分布しているようで、開拓地まで船で遡った時には、樹の上だけではなく中州の地上に降りているテングザルを見ました。サルとしては大きいほうで、裸の人間が居るような感じでした。立ち上がると腰の周りの毛が白っぽいのでパンツをはいている様なのがご愛嬌でした。川岸の低い枝に止まって長い尻尾を垂らしていると、釣りでもしているような風情があります。

ワニ *Crocodylus porosus*

大型の爬虫類で、河口域には大きいもので体長十mに達するものが居るそうです。ワニ口といわれる大きな口で何でもぱくりと食べてしまいます。この口のあけ方がクロコダイル属とアリゲータ属で違うのだそうです。下顎が固定していて上顎が開くのがクロコダイル、上顎が固定していて下顎が開くのがアリゲータだと説明されました。陸上では人間を襲わないが、水中では機敏で強暴な怪獣として怖がられていました。ワニの急所は前足の付け根の脇の下だそうで、鰐捕りの名人が急所を押さえると、ワニは暴れることができずに捕まってしまうといいます。

Crocodylus
porosus

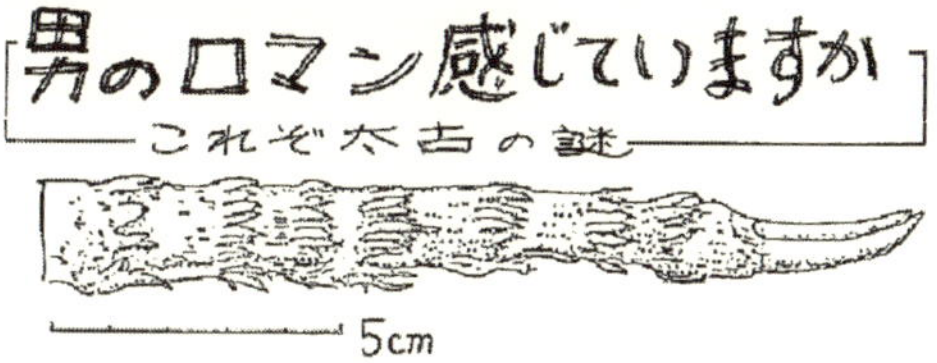
男のロマン感じていますか
これぞ太古の謎
5cm

爬虫類の中では最も進化した種類で、学問的にも貴重な動物だと言われます。環境の変化に弱く、絶滅が心配されています。

林道設計の専門家Yさんが珍しいみやげ物を買ったと見せてくれました。図のような一三cmほどの干物です。ワニのペニスだといいます。疲労回復・精力増進の妙薬だそうです。皆集まってきて不思議なモノを品定めしています。「本当に効くのかな?」「ルディの奴これ飲んでるって言ってたぜ」「それにしては最近冴えない顔してるよ」「効き過ぎたってこともあるんじゃないか?」……底知れぬパワーなんて、所詮男の夢でしか無いということになりましたとさ。

ウンピョウ　*Neofelis nebulose*

研究林で一九八五年一一月、足ワナにかかって捕まえられました。研究林では前年にもワナにかかったウンピョウが居たと報告されていますから、何頭かまだ生息しているものと思われます。研究林は保護区でもあり、狩猟は禁止されていますが、非合法狩猟が続いている現状にあります。ボルネオの野生ネコ最大種で、絶滅が心配される希少種ですが、保護の手が届いていません。残念ながら死んで見つかったウンピョウも、成オスで体長一m、胴回り四五㎝はありました。黄土色に黒褐色の雲形の模様があります。樹に登って小動物を捕食するそうです。サル類もウンピョウに襲われるそうで、熱帯雨林の食物連鎖の頂点に居る存在です。研究所では剥製にして将来博物館を造ってそこに飾るということですが、剥製の技術も無く、そうしたいという願望だけに終わりそうです。

オランウータン　*Pongo pygmaeus*

日本では動物園の人気者なので、良く知られています。霊長類ではチンパンジーやゴリラが群れをつくって行動するので、研究者によって生態が調べられてます。スマトラとボルネオにしか居ないオランウータンは、熱帯雨林の奥深くひっそりと暮らしていると思われて、野生の実像は知られていませんでした。
東カリマンタン・クタイ地方のオランウータンが調べられたのは一九七〇年代末からのようです。その結果、単独行動の動物というわけではなく、家族を中心に緩やかに群れをつくっているのがわかったということです。
太平洋戦争の頃、ボルネオ島は戦場になりましたが、敗走する日本兵がジャングルの中でオランウータンに遭遇して襲われたという記述が戦記の中に見られました。しかし、オランウータンの研究者によれば、オランウータンが人間を襲うということはないといいます。急に出会えば威嚇したり枝を投げつけたりするでしょうが、ゴリラのようにヒトを襲って殺すことは考えられないそうです。ボルネオ戦記は地獄のような状況で、弾丸に当たって死ぬよりも飢えと病気で死んでいったので、オランウータンにも襲われたと思われたのは当然だったのかもしれません。

オランウータンは農地開発と山火事とで生息地が減って絶滅が心配されています。生活の知恵も発達し、愛情《アモーレ》のような精神活動も人間に近いものがあるといわれます。葉を被って雨よけをしたり、杖を使って川の浅瀬を確かめて渡るなど、ヒト顔負けの行動がテレビで放映されました。ヒトを研究するためにも、野生オランウータンを絶滅の危機から救わなければなりません。

サイチョウ *Buceros* sp.

ブッポウソウ目サイチョウ科の鳥で、ボルネオには九種類いると言われます。大きな嘴と頭にサイの角のようなものがついている大型の鳥です。研究林で初めて見たときには驚きました。怪物のように大きい鳥がバサッバサッと羽音を鳴らして頭の上を通り過ぎる時には身の危険を感じたほどです。頭の角を空中戦で突き合うそうですが、そんな時に居合

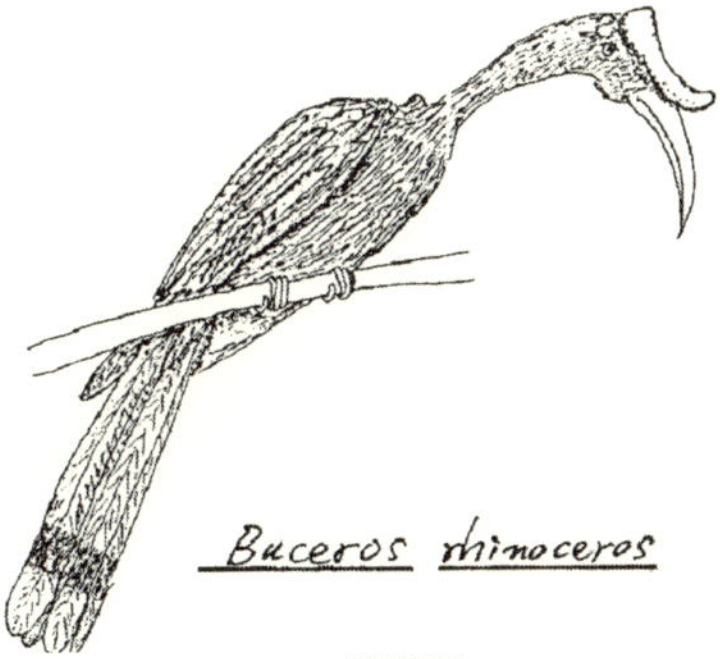

クタイ国立公園のロゴ

わせたら逃げ出したくなるでしょう。

主な食べものは果実だと思われますが、種類によっては小動物も食べるそうです。ムラワルマン大学の教官宿舎の庭にも出てくると聞きましたから、森の奥深くにだけ居るとは限らないようで、案外人間に慣れる雑食性の種類もいるようです。ダヤック族の人たちは、この鳥を神秘な力を持つ聖鳥として崇めていたそうです。白黒の縞模様の羽は民族衣装の飾りと踊りの小道具として使われます。ダヤック族のお祭りに集まった大勢の踊り子が身に着けているサイチョウの羽の多さを見たら、狩猟されたサイチョウの数は膨大なものにのぼると思われました。絶滅危惧種として保護しないとサイチョウのような大型の鳥は危ないのではないでしょうか。

あとがき

コーランウータン（森の新聞）は一〇〇号をもって終刊しました。記念の一〇〇号は、日本語・インドネシア語・英語の三ヵ国語マッチャムマッチャム（混合）版としました。いろいろな方から祝辞を頂き、花を飾ることができました。

ムラワルマン大学ムタキン林学部長の言葉を抄録します。

「日本人専門家により発行されていたコーランウータンは、主として彼らの経験談や旅行記を内容とするものであったが、時々森林や林業の学問上の情報としても役に立つものがあった。あっという間に百号にまで達し、担当した専門家も帰国することになった。林学部を代表して編集者に感謝すると共に、このような機関紙が続けて発行され、大学の研究活動の助けとなるように希望する」

当時、インドネシアには林学会がありませんでした。私たちは遊び心で「コーランウータン」を発行していましたが、学会誌の代わりを期待されるとは思ってもいませんでした。

どんな社会でも広報・情報紙が潤滑油として必要なものだと思います。「コーランウータン」が少しでも熱帯雨林研究の現場に、和やかな雰囲気を届けられたのかなと、懐かしく振り返っているところです。

日本の大学や研究所の研究者にとって、海外で仕事をするのは難しいところがあります。研究仲間から遠く離れて、日常的な議論相手も無く、モチベーションの低下は否めません。私は気持ちを入れ替えて、ボルネオでしか得られない体験を大切に身に付けようと前向きに考えるようにしました。その貴重な体験をまとめたものが『湧き上がる雲の下で』です。

 研究仲間だけではなく、多くの人達に熱帯雨林の様子が伝えられれば幸せです。特にこれから進路を決めようとしている中・高校生の皆さんに、海外技術協力という仕事にも興味を持ってもらいたくて本書を書きました。何年か前に近くの高校で「沙漠緑化の話」をしたことがあります。この時の感想文に〝沙漠緑化はただ木を植えればよいというわけではなく、砂漠の自然環境を調べて、地域の人達のことも考えて努力しなければならないことが分かりました〟という素直な反響に力を得ました。これから地球環境が厳しい時代に、地球規模で考え、地域で役に立つ活躍を若い人達に期待しています。

二〇一〇年一〇月に日本で生物多様性条約締約国会議（COP10）が開かれました。熱帯地域の自然資源の劣化が報告され、保護と利用のしかたを見直すことが話し合われました。熱帯雨林が生物多様性の宝庫として注目されています。

二五年も前の体験をまとめて、皆様に読んでもらえるか心もとありませんが、自分史を書き残すようなつもりで書き終えました。

表紙デザインをグラフィックデザイナーである長兄高畑利雄に頼みました。印刷専門家である次兄高畑傳からは「コーランウータン」の印刷以来、印刷全般についての助言を得ました。兄弟合作の本として思い出に残すことができてうれしく思います。

妻の高畑順子に校正を頼みましたが、本書の出版を色々な面で支えてくれました。二〇一一年に金婚式を迎える私達の良い記念となりました。高齢化社会にあって、それぞれ専門性を生かした社会奉仕ができないものかと思っていたところです。この小著が熱帯雨林保護に少しでも役に立つのであれば望外の幸せです。

あとがき

参考文献

Aspects of Indonesian Culture Java-Sumatra: Ganesha Society (1979)

Charles M. Francis (1984): Poket Guide to the Birds of Borneo, WWF Sabah

David Boyce (1983): Kutai East Kalimantan A Journal of Past and Present Glory, Kota Bagun

F.& M. Eiseman (1988): Flowers of Bali, Periplus Editions

K. MacKinnon, G. Hatta, H. Halim, A. Mangalik (1996): The Ecology of Kalimantan, The Ecology of Indonesia Series Vol. III, PERIPLUS EDITIONS

Kaarin Wall (1985): A Jakarta Market, American Wemen's Association

Kal Muller (1992): Indonesian BORNEO Kalimantan, Periplus Editions

David Attenborough (1986): Zoo Quest for a Dragon, Oxford Univ. Press

David Macdonald (1982): Expedition to Borneo, The search for Proboscis monkeys and other creatures, J. M. Dent & Sons Ltd

Odoardo Beccari (1986): Wanderings in the Great Forests of Borneo, Oxford Univ. Press

Sri Owen (1976): Indonesian Food and Cookery, P. T. INDIRA

W. Veevers-Carter (1979): Land Mmmals of Indonesia, PT INTERMASA

Wee Yeow Chin (1989): A Guide to the Weyside Trees of Singapore, Singapore Science Centre

William Warren (1996): Tropical Flowers of Indonesia, Periplus Editions

朝日新聞『地球プロジェクト21』（一九九八）「アジアと共に生きる」朝日新聞社
秋道智弥・市川昌広編（二〇〇八）『東南アジアの森に何が起こっているか：熱帯雨林とモンスーン林からの報告』人文書院
綾部恒雄・永積昭編（一九八二）『もっと知りたいインドネシア』弘文堂
伊東信吾・呉柏堂（一九九二）『カラー写真熱帯有用樹木解説』美研
池谷和信編（二〇〇八）『熱帯アジアの森の民　資源利用の環境人類学』人文書院
井上民二（一九九八）『生命の宝庫・熱帯雨林』ＮＨＫ出版
井上民二（二〇〇一）『熱帯雨林の生態学――生物多様性の世界を探る――』八坂書房
井上真（一九九一）『熱帯雨林の生活――ボルネオの焼畑民とともに』築地書館
井上真（一九九五）『焼畑と熱帯林――カリマンタンの伝統的焼畑システムの変容』弘文堂
井上真（二〇〇四）『コモンズの思想を求めて――カリマンタンの森で考える』岩波書店
井上真編（二〇〇三）『アジアにおける森林の消失と保全』財団法人地球環境戦略研究機関監修　中央法規
イブリン・ホン著、北井一・原後雄太訳（一九八九）『サラワクの先住民――消えゆく森に生きる』法政大学出版会
『インドネシア　暮らしをたずねて島から島へ』（一九九九）トラベルジャーナル
岩永友宏（二〇〇〇）『先住民族プナン――ボルネオ最期の狩人たち』批評社
内田道雄（一九九九）『サラワクの風――ボルネオ・熱帯雨林に暮らす人びと』現代書館

内堀基光（一九九六）『森の食べ方』熱帯林の世界⑤、東京大学出版会
梅棹忠夫（一九六四）『東南アジア紀行』中央公論社
梅原猛、伊東俊太郎監修（一九九三）『森の文明　循環の思想』
大井徹（一九九九）『失われ行く森の自然誌――熱帯林の記憶』東海大学出版会
大崎満・岩熊敏夫編『ボルネオ　燃える大地から水の森へ』岩波書店
大林太良編（一九八四）『東南アジアの民族と歴史』山川出版社
岡野恒也（一九九四）『オランウータンの島』紀伊國屋書店
小川忠（一九九三）『インドネシア　多民族国家の模索』岩波新書
小倉清太郎（一九四一）『ボルネオ紀行』畝傍書店（一九三三年の記録）
樫尾昌秀（一九九八）『東南アジアの森』KKゼスト
川端裕人（二〇〇〇）『オランウータンに森を返す日』旺文社
環境庁地球環境部監修（一九九六）『熱帯林の減少』中央法規
キャサリン・コーフィールド著、雨森孝悦訳（一九九〇）『熱帯雨林で私がみたこと』築地書館
キャシー・ドレイン、バーバラ・ホール著、増永豪男訳（一九九八）『カルチャーショック！インドネシア』河出書房新社
京都大学東南アジア研究センター編（一九九七）『事典東南アジア・風土・生態・環境』弘文堂
吉良竜夫（一九八三）『熱帯林の生態』人文書院
熊崎実・渡辺弘之（一九九四）『私たちの暮らしと熱帯林』日本林業技術協会

クリス・C・パーク著・犬井正訳（一九九四）『熱帯雨林の社会経済学』農林統計協会
クンチャラニングラット編、加藤剛・土屋健治・白石隆訳（一九八〇）『インドネシアの諸民族と文化』めこん
国際協力事業団森林・自然環境協力部（二〇〇二）『生命の宝庫＝ボルネオ島の熱帯雨林をめぐって』
コーナー・E・J・H（一九九八）大場秀章・能城修一訳『植物の起源と進化』八坂書房
コーナー・E・J・H著、大場秀章訳、解説太井徹（一九九六）『ボタニカル・モンキー』八坂書房
コーナー・E・J・H著、石井美樹子訳（一九八二）『思い出の昭南博物館：占領下シンガポールと徳川侯』中公新書
小林繁男編（一九九二）『沈黙する熱帯林』東洋書店
小松邦康（一九九五）『インドネシア全二十七州の旅』めこん
佐藤卓（一九九一）『キナバル山の植物』
杉村順夫・松井宣也（一九九八）『ココヤシの恵み――文化、栽培から製品まで――』裳華房
鈴木晃（二〇〇三）『オランウータンの不思議社会』岩波ジュニア新書
鈴木晃・写真／監修、鈴木南水子・文（二〇〇四）『オランウータンの森』国土社
スーザン・E・クインラン著・藤田千枝訳（二〇〇八）『サルが木から落ちる――熱帯林の生態学』さ・え・ら書房

高畑滋（一九八六）「どうなる熱帯多雨林」北海道の自然№26、北海道自然保護協会
高畑滋（一九九七）「ボルネオのエコツアー……マレーシア・サバ州を旅して」北方林業vol.50・№11
高梨幸男（一九八五）『これが南国だ！インドネシアTODAY』
高谷好一（一九八八）『マングローブに生きる――熱帯多雨林の生態史』NHKブックス
田中耕次（二〇〇〇）『熱帯植物巡礼――室内植物の原生地をたずねて――』日本大学生物資源科学部資料館双書
田村俊和・島田周平・門村浩・海津正倫編著（一九九五）『湿潤熱帯環境』朝倉書店
T．C．ホイットモア著、熊崎実・小林繁男監訳（一九九三）『熱帯雨林総論』築地書館
地球の環境と開発を考える会（一九八八）『破壊される熱帯林――森を追われる住民たち』岩波ブックレット
塚谷裕一（二〇〇六）『ドリアン――果物の王』中公新書
坪内良博（一九八六）『東南アジア人口民族誌』勁草書房
鶴見良行（一九八四）『マングローブの沼地で　東南アジア島嶼文化論への誘い』朝日新聞社
永田信・井上真・岡裕泰（一九九四）「森林資源の利用と再生　経済の論理と自然の論理」全集　世界の食料　世界の農村25、農文協
西岡直樹（二〇〇三）『サラソウジュの木の下で――インド植物ものがたり』平凡社
熱帯植物研究会（一九八四）『熱帯植物要覧』大日本山林会
橋本風車（一九八二）『ボルネオ博物誌』卯辰山文庫

馬橋憲男（一九九一）『熱帯林ってなんだ――開発・環境と人びとのくらし』築地書館
日高敏隆・石井実編著（一九九一）『ボルネオの生きものたち――熱帯林にその生活を追って』東京化学同人
ファルケンブルク著、太平洋問題研究会編（一九四二）『マレーシアの農業地理』中央公論社
深井勉（二〇〇〇）『ボルネオの森に秘薬を求めて』草思社
P.W.リチャーズ著、植松真一・吉良龍夫共訳（一九七八）『熱帯多雨林――生態学的研究』共立出版
ヘディ・シュリ・アサムラ・プトラ、染谷臣道・加納啓良訳（一九八八）『ベチャ引き家族の物語』勁草書房
堀田満・井上民二・小山直樹（一九九二）『スマトラの自然と人々』八坂書房
村井吉敬（一九七八）『スンダ生活誌　変動のインドネシア社会』NHKブックス
百瀬邦泰（二〇〇三）『熱帯雨林を観る』講談社選書メチエ
森田弘彦（一九九〇）『スリランカ植物雑記帳』
安田雅俊・長田典之・松林尚志・沼田真也（二〇〇八）『熱帯雨林の自然史――東南アジアのフィールドから――』東海大学出版会
八東澄子（二〇〇〇）『熱帯雨林から、ヤッホー』新日本出版社
安間繁樹（一九九一）『熱帯雨林の動物たち――ボルネオにその生態を追う』築地書館
安間繁樹（一九九五）『カリマンタンの動物たち』日経サイエンス社

安間繁樹（一九九五）『ボルネオ島最奥地をゆく』昌文社
安間繁樹（二〇〇二）『ボルネオ島　アニマル・ウォッチングガイド』文一総合出版
安間繁樹（二〇〇四）『キナバル山――ボルネオに生きる……自然と人と』東海大学出版会
山田勇（二〇〇〇）『アジア・アメリカ生態資源紀行』岩波書店
山田勇（二〇〇六）『世界森林報告』岩波新書
湯本貴和（一九九九）『熱帯雨林』岩波新書
湯本貴和［文］／磯野宏夫［画］（二〇〇八）『熱帯雨林　生命の森』
吉田よし子（一九七八）『熱帯のくだもの』楽游書房
リー・クーンチョイ著、伊藤雄次訳（一九七九）『インドネシアの民俗』サイマル出版会
リチャード・G・クライン、ブレイク・エドガー著　鈴木淑美訳（二〇〇四）『五万年前に人類に何が起きたか？』新書館
レドモンド・オハンロン著、白根美保子訳（一九九〇）『ボルネオの奥地へ』めるくまーる社
渡邊高志（二〇〇八）『ヒマラヤの薬草・秘宝を守れ――一〇八種の薬用植物』アップフロントブックス
渡辺弘之（一九八九）『東南アジアの森林と暮らし』人文書院
渡辺弘之（一九九四）『熱帯の非木材林産物』国際緑化推進センター
渡辺弘之（二〇〇五）『東南アジア樹木紀行』昭和堂

著者略歴

高畑　滋（たかはた　しげる）

1935年生まれ　東京都出身

東京農工大学大学農学部農学科卒業

農林省関東東山農業試験場、北海道農業試験場、林業試験場、草地試験場、熱帯農業研究センター、東北農業試験場などに勤務　一貫して牧野の施業計画の研究を行う　この間、熱帯降雨林研究センター（インドネシア）、国際乾燥地農業研究センター（シリア）などにおいてリモートセンシングによる土地利用研究を行う。現在、草原植生研究室主宰

主要著書・共著書

『飼料作物・草地ハンドブック』養賢堂（1964）

『リモートセンシング』キャノン（1974）

『環境アセスメントの手法と実例資料集』フジテクノシステム（1975）

『北海道山菜誌』北海道大学図書刊行会（1980）

『砂漠緑化の最前線』新日本出版社（1993）

『砂嵐に耐えて ――「砂漠の新聞」から　シリアの自然と歴史』熊谷印刷出版部（1995）

湧き上がる雲の下で

ボルネオの自然と暮らし

2010年11月2日　印　刷

2010年11月10日　発　行

著　者　高　畑　　滋

印　刷　㈱アイワード

発　行　㈱共同文化社

〒060-0033　札幌市中央区北3条東5丁目

電話(011)251-8078

http://kyodo-bunkasha.net/

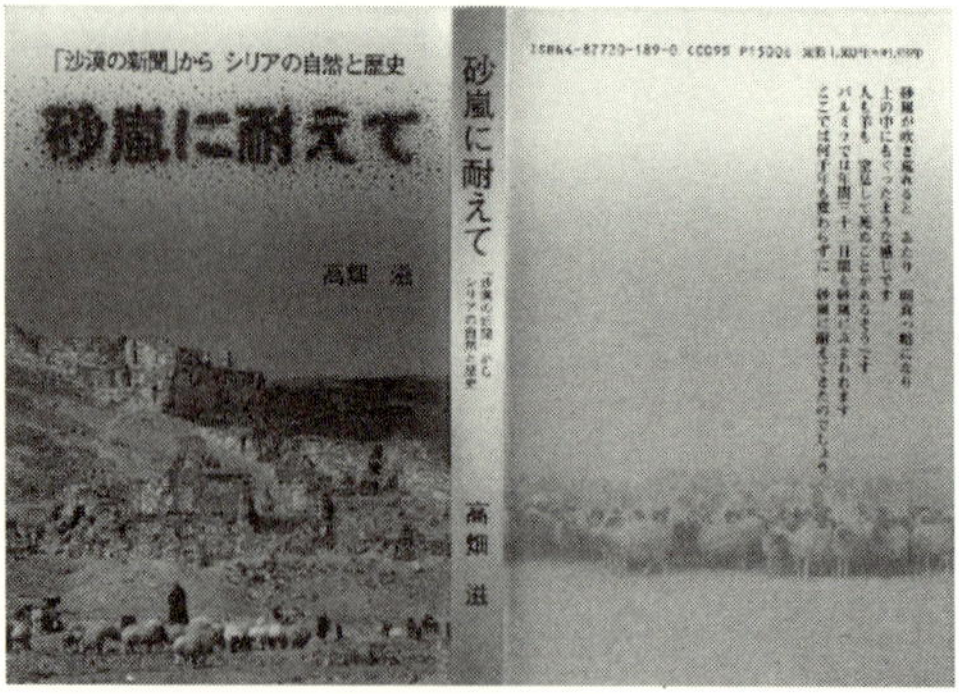

砂嵐に耐えて—**「沙漠の新聞」から　シリアの自然と歴史**

ISBN 4-87720-189-0　C0095　P1500E　熊谷印刷出版部（1995）

沙漠で羊を飼う　バディアの民がベドウィン　種羊場ロープ一本で大群を繋ぐ　雨で決まる収穫量博打麦作　渡り鳥の十字路　遊牧のコース　ほか

アレッポにて　世界最古の都市　アレッポ城難攻不落　スーク中世商店街　ハマーム神聖な浴場　博物館シリア全体が文化遺産

遺跡を歩く　クラックデシュバリエ十字軍最後の砦　ハラビエ城ユーフラテス　川の夕陽に映える　アパミア古代壮麗都市　マルーラ古代キリスト教の聖地　サイドナーヤ我らがレディ　ボスラ今でも野外舞踊劇　パルミラ遺跡　ほか

出会い・できごと・ところ・人々　海水浴集団土左衛門　雪中浴沙漠の民の最高の楽しみ　沙漠の怪獣ゴルタ　荘園エデンの庭　民族の十字路　ほか

アラビア語面白字典

アラブの食べ物　ラフミ生肉ペースト　シシカバーブ羊肉串焼き　ほか

花便り　28種

マハカム川遡行

サマリンダ〜ムアラワハウ